5·50

Part One - Prose

PER SAECULA

Part One - Prose

PER SAECULA

Hugh M. McArdle M.A.

Formerly Senior Lecturer in Classics
Moray House College of Education

Geoffrey Suggitt M.A.

Headmaster, Stratton School
Bedfordshire

Oliver & Boyd

Oliver & Boyd
Robert Stevenson House
1-3 Baxter's Place
Leith Walk
Edinburgh EH1 3BB
A Division of Longman Group UK Limited

ISBN 0 05 002171 0

First published 1973
Eighth impression 1988

Set in 11/12 pt. and 10/11 pt. 'Monotype' Bembo
Produced by Longman Group (FE) Ltd
Printed in Hong Kong

Contents

List of Illustrations

Maps

Introduction

The aim of this book is twofold – to provide a wide range of reading material for young pupils and to enable them to read Latin with understanding and interest. Many course books, using a variety of methods, cater for the first and second years of Latin. Practising teachers are aware of the shortage of varied reading material suitable for the next stage of study. This book attempts to bridge the gap between the 'made-up' or 'adapted' Latin of the course book and the complete text of a Latin author appropriate to progress in reading at the next stage.

We have drawn on a long range of Latin literature, and there should be sufficient material for two years' work. The earlier passages are generally easier than those appearing later. Pupils need not be taken systematically through the book; the order and the amount of each author read is left to the teacher. Each section is complete in itself.

Notes are printed opposite the Latin passages for easy reference. Importance has been given in the notes to linguistic explanations which have been made simple and straightforward; more detailed discussions of questions of language, history and social culture will arise and may be dealt with in class.

It is impossible to produce a book of this sort without selection and omission. Alterations of the actual texts have been kept to a minimum but some shortening of individual passages has been found necessary, particularly in the earlier parts of the book.

Acknowledgement is made to the editors – too numerous to mention here – of the authors whose works are represented in this book; their comments have provided valuable help.

Finally, we should like to thank the following for supplying the photographs reproduced in this book and giving permission for their use: Elsevier Nederland N.V. (pp. 17, 87); The Iona Community (p. 117); the Italian State Tourist Office (p. 65); the Mansell Collection (pp. 14, 31, 37, 54, 55, 63, 71, 99, 101, 107); *Scottish Field* (p. 115); Percy Lund, Humphries & Co Ltd and James Mosley (cover).

List of Abbreviations

abl.	ablative	indic.	indicative
abs.	absolute	infin.	infinitive
acc.	accusative	interrog.	interrogative
adj.	adjective	lit.	literally
adv.	adverb	m.	masculine
c.	common, *circa*	n.	neuter
cf.	compare	nomin.	nominative
cl.	clause	part.	participle
compar.	comparative	pass.	passive
conj.	conjunction	perf.	perfect
dat.	dative	pers.	person
defect.	defective	pl.	plural
demonstr.	demonstrative	pluperf.	pluperfect
dep.	deponent	pred.	predicative
dimin.	diminutive	prep.	preposition
e.g.	for example	pres.	present
etc.	et cetera	pro.	pronoun
exclam.	exclamation	quest.	question
f.	feminine	relat.	relative
fut.	future	semi-dep.	semi-deponent
gen.	genitive	sing.	singular
i.e.	that is	subj.	subjunctive
imperf.	imperfect	vb.	verb
impers.	impersonal	voc.	vocative
indecl.	indeclinable		

The Latin Authors

History is represented by selections from the works of Livy and Caesar. Livy (59 B.C.–A.D. 17) wrote a history of Rome in 142 books, covering the whole period from the legendary foundation of Rome in 753 B.C. to events in his own lifetime in the reign of Augustus. Thirty-five books have survived, including the account of the origins of Rome, the conquest of Italy and the long war with Hannibal. Julius Caesar (102–44 B.C.) was more of a politician and statesman than a historian, but he wrote straightforward accounts of his campaigns against the Gauls and the opening campaigns of the Civil War.

Biography is closely akin to history and the two authors represented in this section were also historians. Cornelius Nepos (c. 99–c. 24 B.C.) wrote lives of famous men; Suetonius (c. A.D. 69–c.140) wrote lives of famous men and lives of the Caesars from Julius to Domitian.

Cicero (106–43 B.C.) was the greatest Latin prose author, equally famous for his speeches, letters and works on philosophy and rhetoric. Included in this book are selections from his speeches against Verres and from his letters. The letters of the Younger Pliny (A.D. 61–c. 114) provide an interesting contrast to the letters of Cicero. Aulus Gellius (c. A.D. 123–c. 165) bridges the gap between Classical and later Latin. He wrote a long, discursive work called *Attic Nights* in twenty books, covering a wide variety of subjects, mostly written during a long winter period in Attica.

History

1 Livy: *The Story of the Foundation of Rome*

According to most Roman legends the founder of the Roman race was a Trojan prince called Aeneas, who fled with his followers at the fall of Troy and started a new kingdom in Italy. His descendants ruled in a town called Alba Longa, and it was not until the time of Romulus that Rome was founded.

1 *In the 8th century* B.C. *(according to the legend) two brothers quarrelled over the throne, and the younger brother, Amulius, drove out the elder brother, Numitor, killed his son and ordered his daughter's twin sons to be thrown into the Tiber. The twin boys were miraculously saved by a she-wolf and then brought up by the king's shepherd.*

Amulius pueros in flumen Tiberim iaci iubet. et servi, imperio regis defuncti, pueros in ripa fluminis exponunt; vastae tum solitudines in his locis erant. fama est lupam sitientem ex montibus, qui circa sunt, ad puerorum vagitum cursum flexisse et pueros lacte suo nutriisse. magister regii pecoris lupam lingua lambentem pueros invenit et uxori suae educandos dedit.

2 *When the two boys, called Romulus and Remus, grow up, they kill Amulius and restore Numitor to the throne.*

Romulus cum paucis pastoribus ad regem impetum facit et Remus adiuvat, alia manu a domo Numitoris comparata. ita regem obtruncant. Numitor inter primum tumultum dictitans hostes urbem invasisse, postquam vidit iuvenes, perpetrata caede, ad se pergere gratulantes, scelera fratris et originem nepotum ostendit. cum iuvenes ingressi avum regem salutavissent, imperium Numitori redditum est.

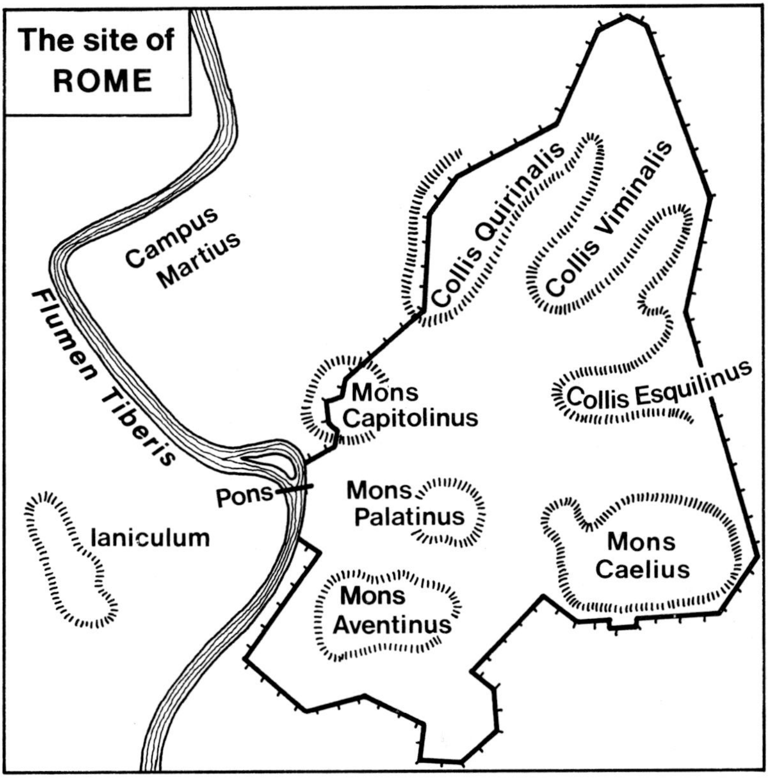

Tiberis – note that the acc. sing. of **Tiberis** ends in **-im.**
iaci – pres. infin. pass. of **iacio.**
defuncti – perf. part. of dep. vb. **defungi** 3 + abl. 'to perform'.
lupam . . . cursum flexisse – acc. and inf. construction after **fama est** = 'the story is that . . .'.
sitientem – pres. part. of **sitire,** 'to be thirsty', agreeing with **lupam.**
educandos – agreeing with **pueros,** 'to be brought up'.

alia manu comparata – abl. abs. Translate by an active participle or by an adverbial clause. Note that **manus** can mean a 'band' or 'force' (of men).
ostendit – the commonest meaning of **ostendere** is 'to reveal' or 'explain'.
regem – 'as king'.

3 *Romulus and Remus decide to found a new city but quarrel over the name. Remus is killed and the town is called Rome*

Romulus et Remus constituerunt novam urbem condere in eis locis ubi expositi et educati erant. sed cum non possent decernere uter nomen novae urbi daret et imperio regeret, deos rogaverunt ut augurio regem legerent. itaque Romulus ad Palatium, Remus ad Aventinum ivit, ut aves specularentur. Remus prior vidit sex vultures, sed simulac hoc nuntiatum est, duplex numerus Romulo se ostendit. utrumque regem salutavit sua multitudo. inde ad caedem vertuntur et Remus ictus cecidit. vulgatior fama est Remum ludibrio fratris novos muros transiluisse; inde ab irato Romulo interfectum esse. ita Romulus solus imperio potitus est; condita urbs nomine conditoris appellata est.

4 *The disappearance of Romulus.*

Romulus, postquam cives multos annos rexit, contionem in Campo habebat ut exercitum recenseret; subito tempestas coorta regem tam denso nimbo obruit ut non conspici posset; nec postea Romulus in terris visus est. Romani, postquam lux tranquilla rediit, ubi sedem regis vacuam viderunt, aliquamdiu taciti steterunt. deinde, initio a paucis facto, universi appellaverunt Romulum deum parentemque urbis Romanae. postea Romani Romulum deum semper colebant.

uter nomen daret – **uter** = 'which of the two of them'; **nomen daret** = 'should give his name', indirect question construction; verb in subj.
augurio – 'by giving an omen from the flight of birds', augury.
utrumque – **uterque** = 'each of them'. Each of them was hailed as king by his own supporters.
ludibrio fratris – 'as an insult to his brother', 'to mock his brother'.
potitus est – **potiri** + abl. = 'to get posession of'.
nomine conditoris – i.e. it was called Rome after Romulus.

contionem – **contio** is used for a meeting called by a magistrate or a general.
in Campo – the Campus Martius, an open space near the Tiber, used for military parades and exercises.
in terris – 'on earth'.
deum – 'as a god'; in apposition to **Romulum**; object of **colebant.**

(*Opposite*)
The she-wolf
suckling the twins,
Romulus and Remus.

2 Livy: *The Caudine Forks, 321 B.C.*

During the third century B.C. the Romans gradually extended their power over most of Italy. The bitterest resistance came from a group of peoples called the Samnites, who lived in the uplands of the central Apennines. The Romans encircled the central highlands with conquests in Campania, Lucania, Apulia, Picenum, but they had never dared to cross the Apennines with an army from Campania to Apulia. The following episode tells the story of their disastrous attempt to do this in 321 B.C. The account is taken from Livy's history of Rome. In the absence of compass directions and map references ancient historians are nearly always vague in geographical descriptions.

1 *The Samnite general, Pontius, lays a trap for the Romans. Ten Samnite soldiers disguised as shepherds give false information that Luceria is being besieged.*

C. Pontius, imperator Samnitium, exercitu educto, circa Caudium castra quam occultissime locat; inde ad Calatiam, ubi audiebat iam consules Romanos castraque esse, milites decem pastorum habitu mittit iubetque pecora haud procul Romanis praesidiis pascere. qui capti dixerunt legiones Samnitium in Apulia esse atque Luceriam omnibus copiis circumsedere. iam is rumor, ante de industria vulgatus, ad Romanos venerat, sed captivi fidem auxerunt, maxime quod sermo inter omnes congruebat.

2 *The two routes to Luceria.*

Pontius pro certo habebat Romanos opem Lucerinis laturos esse, bonis et fidelibus sociis, ne Apulia omnis deficeret; modo incertum erat qua irent. duae viae ad Luceriam ferebant, altera praeter oram maris, patens apertaque, sed quanto tutior, tanto fere longior; altera per Furculas Caudinas, brevior. sed locus ita natus est: duo alti saltus, angusti silvosique sunt, montibus circa perpetuis inter se iuncti; iacet inter eos satis patens, clausus in medio, campus herbidus aquosusque, per quem

View of the Caudine Forks near Beneventum (Benevento) in Samnium. Here a Roman army was surrounded and forced to surrender in the Samnite War (321 B.C.).

exercitu educto – abl. abs. Translate using either a main verb, or an active participle, or an adverbial clause.

quam occultissime – **quam** is used with a superlative adjective or adverb with the meaning of 'as . . . as possible'; translate 'as secretly as possible'.

locat, mittit, iubet – are all historic present tenses; translate as past tenses.

ad Calatiam – **ad** is sometimes used with names of towns meaning 'in the direction of', 'towards'.

procul is used with abl. or with **ab** + abl. meaning 'a long way from'.

ante = **antea** 'previously'. **ante** can be either an adverb or a preposition + acc. meaning 'before'.

fidem auxerunt – 'increased their reliance (in the story)'.

maxime quod – 'especially because'.

bonis et fidelibus sociis – datives, in apposition to **Lucerinis.**

qua irent – 'which way they would go'.

praeter oram maris – presumably Livy means along the coast of Campania to Lucania. This would certainly be a long way round.

quanto tutior . . . – the normal way to express proportion. Lit. 'by how much the safer, by so much the longer'. Translate simply 'safer but longer'.

montibus circa perpetuis inter se iuncti – 'linked together by an unbroken stretch of surrounding hills'.

medium iter est. sed antequam ad eum venis, primae angustiae sunt intrandae, et aut via retro repetenda est aut, si ire pergis, per alium saltum artiorem impeditioremque est evadendum.

3 *The Romans fall into the trap.*

hac via Romani constituerunt ire. cum in eum campum descendissent protinusque ad alias angustias pergerent, saeptas arboribus saxisque ingentibus invenerunt. cum fraus hostilis apparuisset, praesidium etiam in summo saltu conspicitur. citati inde retro, qua venerant, pergunt viam repetere; eam quoque clausam inveniunt. sistunt inde gradum sine ullius imperio, stuporque omnium animos tenet, intuentesque alii alios, diu immobiles silent. deinde legati ac tribuni sua sponte ad consules maestos conveniunt, militesque ab duobus opem exposcunt quam vix di immortales ferre poterant.

4 *The Samnites, uncertain what course to adopt, ask the advice of Herennius Pontius, the father of their general.*

ne Samnites quidem in tam laetis rebus sciebant quid facerent. itaque Herennium Pontium, patrem imperatoris, per litteras consulunt. iam is, gravis annis, non solum militaribus sed quoque civilibus muneribus abscesserat; vis tamen animi consiliique vigebat. is ubi accepit exercitum Romanum ad Furculas Caudinas inter duos saltus clausum esse, ab nuntio filii consultus, censuit omnes inde quam primum inviolatos dimittendos. ubi haec sententia spreta est iterumque consulebatur, censuit omnes ad unum interficiendos. sed neutra sententia accepta est.

5 *There is despair in the Roman camp when they hear the terms Pontius offers them.*

in castris Romanis cum frustra multi conatus ad erumpendum capti essent et iam omnium rerum inopia esset, victi necessitate legatos mittunt qui pacem aequam peterent. tum Pontius respondit debellatum esse et se Romanos inermes cum singulis vestimentis sub iugum missurum; si agro Samnitium decederetur et coloniae abducerentur,

intrandae, repetenda – gerundival adjectives, 'to be entered' etc. Note that Latin is passive voice; the English idiom is to use the active.
si ire pergis – 'if you proceed (to go) further'; **pergere** + inf.
evadendum – gerundival adjective, impers. pass. of intransitive verb. Lit. 'it has to be gone out'. Translate by active; 'you have to go out'.

pergerent – **pergere** is here used by itself meaning 'to press on'.
saeptas – agreeing with **angustias.**
in summo saltu – 'at the top of the pass'. Note the difference in idiom; in English we use 'of'; cf. **per quem medium** in Section 2.
ullius – gen. sing. of **ullus,** 'any' after a negative; **sine** is treated as a negative.
intuentes alii alios – 'looking at each other'. Note this idiomatic use of **alius** in different cases.
conveniunt – **convenire** used with **ad** + acc. meaning 'to assemble in a place or before a person'.

ne Samnites quidem – 'not even the Samnites'. **ne . . . quidem,** 'not even', with the emphasised word or words between, e.g. **ne tu quidem.**
in tam laetis rebus – 'despite their success'.
quid facerent – indirect deliberative question; 'what they should do'.
abscesserat – **abscedere** used with the abl. meaning 'to withdraw from'.
accepit – here **accipere** means 'to learn', 'to hear'. Its commonest meaning is 'to receive'.
censuit – **censere** is used with acc. and gerundival adjective meaning 'to propose that something should be done'.
omnes ad unum – 'every single one'.

multi conatus ad erumpendum – 'many attempts at breaking out'. Note that **conatus** is a noun. **ad** + gerund is a very common way to express purpose.
capti essent – **capere** here means 'to try'.
qui peterent – **qui** + subj. to express purpose.
debellatum esse – impers. pass. Lit. 'that it had been fought out', 'that the war was over'.
sub iugum missurum – to send under the yoke (probably here an archway of spears) was the most insulting way to treat a defeated enemy.
si agro . . . ferire – still part of Pontius' reply.
decederetur – impers. pass. Translate using active verb: 'if they left'.

inde Romanum ac Samnitem suis legibus aequo foedere victurum; his condicionibus se esse paratum foedus cum consulibus ferire. cum haec renuntiarentur, gemitus omnium subito exortus est; deinde erat longum silentium, cum consules neque pro foedere tam turpi neque contra foedus tam necessarium hiscere possent.

6 *The Consuls finally agree to terms.*

tandem consules profecti ad Pontium in colloquium, cum victor de foedere agitaret, negaverunt iniussu populi foedus fieri posse. itaque non, ut vulgo credunt, foedere, sed per sponsionem pax Caudina facta est. spoponderunt consules, legati, quaestores, tribuni militum, nominaque omnium, qui spoponderunt, exstant. obsides etiam sescenti equites imperati sunt, qui capite luerent, si pacto non staretur. tempus inde statutum est tradendis obsidibus exercituque inermi sub iugum mittendo.

7 *The Roman soldiers blame their officers as they reflect on their disgrace.*

redintegravit luctum in castris consulum adventus, ut vix manus abstinerent ab eis, quorum temeritate in eum locum deducti essent. alii alios intueri, contemplari arma mox tradenda et dextras futuras inermes; proponere sibi ante oculos iugum hostile et ludibria victoris et vultus superbos et per armatos inermium iter, inde miserabilem viam foedi agminis per sociorum urbes, reditum in patriam ad parentes: se solos sine vulnere, sine ferro, sine acie victos; sibi non licuisse gladios stringere, non manum cum hoste conferre.

8 *The Roman army is sent under the yoke.*

iam cum singulis vestimentis inermes extra vallum exire iussi, et primi traditi obsides atque in custodiam abducti. tum a consulibus abire lictores iussi paludamentaque detracta. primi consules prope seminudi sub iugum missi, tum ut quisque gradu proximus erat, tum deinceps singulae legiones. circumstabant armati hostes, exprobrantes eludentesque. ita traducti sub iugum e saltu evaserunt. cum ante noctem Capuam pervenire possent, incerti de fide sociorum et quod pudor impediebat, circa viam haud procul Capua corpora humi prostraverunt.

victurum – from **vivere,** 'to live'.
hiscere – 'to open their mouths', 'to say anything'.

de foedere agitaret – **agitare** or **agere de** + abl = 'to discuss something'.
iniussu populi – 'without the order of the people'. cf. **iussu** + gen.
ut vulgo credunt – 'as is commonly believed'. **ut** + indic. = 'as'.
per sponsionem – 'by a solemn undertaking'; **spondere** 2 = 'to promise solemnly'.
imperati – note this meaning of **imperare** = 'to demand'.
qui capite luerent – 'who would pay with their lives . . .'.
si pacto non staretur – **pacto** is abl. of neuter noun, **pactum** = 'agreement'. **staretur** – impers. pass. The natural English is to make **pactum** the subject – 'if the agreement was not kept'.
tradendis, mittendo – an uncommon use of the dative of the gerundival adjective after **tempus** – 'time for handing over', etc.
exercitu – note that this form of the dative is not uncommon.

deducti essent – subj. because this is given as a reason for their anger.
alii . . . alios – see Section 3 above.
intueri, contemplari, proponere – historic infinitives used to give greater effect. Translate by main verbs in past tense.
se solos victos – in English we need to supply a verb like 'they said' or 'they thought'. In Latin an author can go straight into the acc. and inf. if the context makes it clear that it is expressing the person's words or thoughts.
sibi licuisse – **licere** impers. vb. = 'to be allowed', + dat. and inf. Translate 'they had not been allowed . . .'.
manum . . . conferre – 'to join battle'.

Note the omission of **sunt** with the past participle throughout this section. Once again Livy is striving for rhetorical effect.
primi – 'were the first to be handed over'.
ut quisque gradu proximus erat – 'in order according to their rank'; lit. 'as each man was nearest in rank'. **gradu** – abl. of respect.
singulae – here = 'separate', 'individual', not 'one each'.
cum + subj. – here meaning 'although'.

3 Caesar: *The Helvetian War*

Julius Caesar was consul in 59 B.C. He had formed a coalition with Pompey and Crassus, the two leading men of the time, in opposition to the Roman senate. After a year of violence and illegality Caesar went to Gaul as governor of two provinces—Cisalpine Gaul, which is now part of northern Italy (see the map on the opposite page) and Transalpine Gaul, which was little more than a coastal strip between the Rhône and the Pyrenees. He stayed in Gaul until 49 B.C. and in that time dealt with invasions from the Helvetii and the Germans and conquered the whole of Gaul from the Pyrenees to the Rhine. He wrote an account of his campaigns, year by year, in an impersonal, factual way; two episodes are taken from this account. The first deals with the threatened migration of the Helvetii in 58 B.C.

1 *Orgetorix, the noblest among the Helvetii, persuades his people to migrate into Gaul.*

apud Helvetios longe nobilissimus et ditissimus fuit Orgetorix. is, M. Messala et M. Pisone consulibus, regni cupiditate inductus, coniurationem nobilitatis fecit et civitati persuasit ut de finibus suis cum omnibus copiis exirent; facile esse totius Galliae imperio potiri. id hoc facilius eis persuasit, quod undique loci natura Helvetii continentur: una ex parte flumine Rheno, latissimo atque altissimo, qui agrum Helvetium a Germanis dividit, altera ex parte monte Iura altissimo, qui est inter Sequanos et Helvetios, tertia lacu Lemanno et flumine Rhodano, qui provinciam nostram ab Helvetiis dividit. his rebus adducti et auctoritate Orgetorigis permoti, constituerunt comparare ea quae ad proficiscendum pertinerent, iumentorum et carrorum quam maximum numerum coemere, sementes quam maximas facere, ut in itinere copiam frumenti haberent, pacem et amicitiam cum proximis civitatibus confirmare.

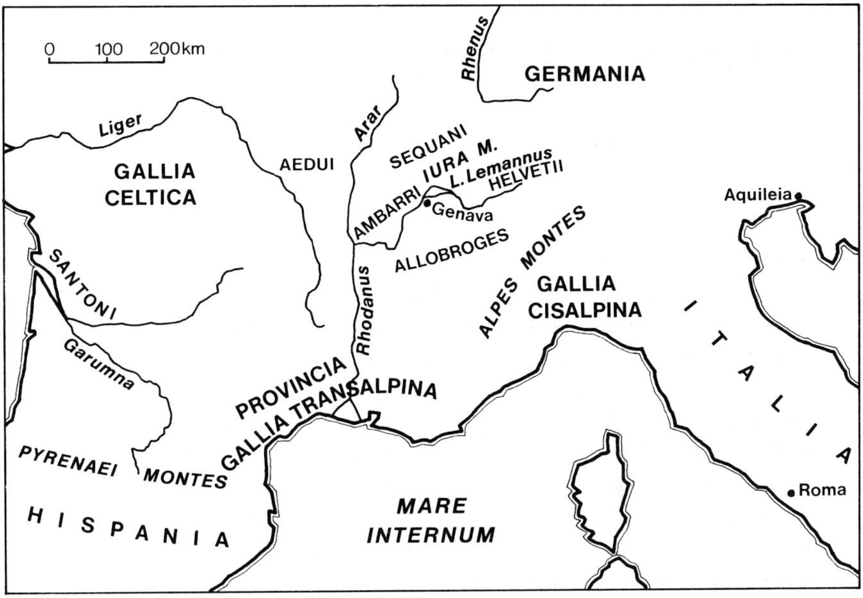

The Helvetian War

apud + acc. = 'among'. Note also its meaning of 'at the house of', e.g. **apud me** 'at my house'.

Messala . . . consulibus – abl. abs. denoting the year; in the consulship of Messala and Piso, 61 B.C.

civitati = civibus.

facile esse – note again the need in English to supply a verb of 'saying'; translate 'he said it was easy'.

id hoc facilius eis persuasit – **id** is the object of **persuasit**, here used with acc. and dat. **hoc facilius** = lit. 'by this the more easily' = 'all the more easily'. Check the geographical position of the Helvetii from the map above.

adducti – 'induced'. **permoti** – 'influenced'.

constituerunt – governs the series of infinitives – **comparare, coemere, facere, confirmare.**

ea quae ad proficiscendum pertinerent – lit. 'those things which had to do with setting out', 'anything needed for their departure'.

quam maximum, quam maximas – **quam** + superlative adj. or adv. = 'as . . . as possible'.

2 *Orgetorix involves two Gallic chieftains in his designs.*

Orgetorix legationem ad proximas civitates suscepit. in eo itinere persuadet Castico Sequano ut regnum in civitate sua occuparet itemque Dumnorigi Aeduo ut idem conaretur persuadet eique filiam suam in matrimonium dat. illis confirmat facile esse conata perficere, propterea quod ipse suae civitatis imperium obtenturus esset. hac oratione adducti inter se iusiurandum dant et sperant, regno occupato, per tres potentissimos ac firmissimos populos se totius Galliae potiri posse.

3 *The Helvetii hear of Orgetorix' schemes and force him to stand trial. Although he escapes with the help of his friends, he dies soon afterwards.*

Helvetii ea re nuntiata per indicium moribus suis Orgetorigem ex vinculis causam dicere coegerunt. die constituta causae Orgetorix ad iudicium omnem suam familiam undique coegit, ad hominum decem milia, et omnes clientes, quorum magnum numerum habebat, eodem conduxit; per eos se eripuit, ne causam diceret. cum civitas ob eam rem incitata ius suum armis exsequi conaretur, magistratusque multitudinem hominum ex agris cogerent, Orgetorix mortuus est; neque abest suspicio, ut Helvetii arbitrantur, quin ipse sibi mortem conscierit.

4 *In spite of Orgetorix' death the Helvetii still decide to migrate. They adopt a scorched earth policy and persuade their neighbours to do the same.*

post eius mortem nihilo minus Helvetii id quod constituerant facere conantur, ut e finibus suis exeant. ubi iam se ad eam rem paratos esse arbitrati sunt, oppida sua omnia incendunt; frumentum omne, praeterquam quod secum portaturi erant, comburunt, ut, spe reditionis sublata, paratiores ad omnia pericula subeunda essent; trium mensium cibaria sibi quemque domo efferre iubent. persuadent finitimis ut eodem consilio usi, oppidis suis exustis, una cum iis proficiscantur.

5 *The Helvetii decide to use the route through the lands of the Allobroges and the Roman province.*

erant omnino itinera duo, quibus domo exire possent: unum per Sequanos, angustum et difficile, inter montem Iuram et flumen Rhodanum, qua vix singuli carri ducerentur; mons autem altissimus impendebat, ut facile perpauci prohibere possent: alterum per

item – 'likewise', 'in the same way'.
conata – note that this is the plural of **conatum -i** *n.* = 'an attempt'.
propterea quod = simply 'because'; here used with the subj. because this is what Orgetorix alleged.
regno occupato – note that this abl. abs. is inside the acc. and inf.; all part of what they hoped.
potiri posse – note the use of **posse** in place of a fut. inf. = 'would be able'. Note too that **potiri** is here used + gen. = 'to get possession of'.

per indicium – 'as a result of information received'.
ex vinculis – note that the English idiom is 'to plead one's case *in* chains'.
die constituta – note that **dies** is sometimes feminine.
ad + acc. = 'about', 'up to' (of numbers).
se eripuit – 'he escaped'.
ius exsequi = 'to assert its rights'.
neque abest suspicio quin . . . after certain negative expressions **quin** is used with the subj. meaning 'that'. **mortem sibi consciscere** = 'to commit suicide'.

ut exeant – a clause explaining what their plan was, 'namely to'.
praeterquam quod = 'except for the amount that . . .'.
ad omnia pericula subeunda – gerundival adjective. Note that the English idiom uses the active; 'for facing all dangers'.
cum iis – we would have expected **secum** here, since **se** normally refers to the subject of the main clause. But **eius** has just been used referring to the neighbours and it would be confusing to use **secum** referring to the Helvetii immediately afterwards.

unum . . . **alterum** . . . – of alternatives, 'the one', 'the other'.
singuli – 'one at a time', 'in single file'.

provinciam nostram, multo facilius atque expeditius, quod Rhodanus inter fines Helvetiorum et Allobrogum fluit, qui nuper pacati erant, isque nonnullis locis vado transitur. existimabant se Allobrogibus vel persuasuros, quod nondum bono animo in populum Romanum viderentur, vel vi coacturos ut per suos fines eos ire paterentur. omnibus rebus ad profectionem comparatis, diem dicunt, qua die omnes ad ripam Rhodani conveniant.

6 *When Caesar hears of these preparations he hurries to Geneva and levies troops from the whole of the province. The Helvetii, through envoys, ask his permission to make a peaceful march through the province.*

Caesar, cum ei nuntiatum esset eos per provinciam nostram iter facere conari, maturat ab urbe proficisci et quam maximis itineribus in Galliam ulteriorem contendit et ad Genavam pervenit. provinciae toti quam maximum numerum militum imperat (erat omnino legio una in Gallia ulteriore) atque pontem, qui erat ad Genavam, iubet rescindi. ubi de eius adventu Helvetii certiores facti sunt, legatos ad eum mittunt nobilissimos civitatis, qui dicerent sibi in animo esse sine ullo maleficio iter per provinciam facere, propterea quod aliud iter haberent nullum, rogarentque ut id facere sibi liceret. Caesar concedendum non putabat; tamen, ut spatium intercedere posset, dum milites, quos imperaverat, convenirent, legatis respondit se diem ad deliberandum sumpturum esse.

7 *Caesar fortifies a line between lake Geneva and the Jura mountains to stop their advance and refuses permission to go through the province. After unsuccessful attempts to break through, the Helvetii finally abandon this route.*

interea ea legione, quam secum habebat, militibusque, qui ex Provincia convenerant, a lacu Lemanno ad montem Iuram murum fossamque perducit. eo opere perfecto, praesidia disponit, castella communit, quo facilius prohibere possit, si, se invito, transire conarentur. ubi ea dies venit quam cum legatis constituerat, et legati ad eum reverterunt, negat se posse iter ulli per provinciam dare; et, si vim facere conarentur, se prohibiturum ostendit. Helvetii, ea spe deiecti, navibus iunctis ratibusque compluribus factis, nonnumquam interdiu, saepius noctu perrumpere conati, operis munitione et militum concursu et telis repulsi, hoc conatu destiterunt.

vel . . . vel . . . – 'either . . . or'. **vel** is not as definite as **aut** and is often nearer the English 'perhaps'.
bono animo in populum Romanum – **bono animo** abl. of quality, lit. 'with good mind', i.e. 'well-disposed to the Roman people'. Note the use of **in** + acc. for feelings towards people.
convenire ad + acc. = 'to assemble *at* a place'.

maturat – **maturare** + inf. = 'to hurry to do something'.
quam maximis – see note, Section I above.
magnum iter – 'a forced march'; **quam maximis itineribus** = 'by hurrying as much as possible'. cf. **quam maximum numerum** in the next sentence.
provinciae imperat – **imperare** used + acc. and dat. = 'to demand something from someone'.
qui dicerent – **qui** + subj. expressing purpose.
propterea quod – used + subj. because the clause is inside reported speech.
rogarentque – also after **qui** expressing purpose.
liceret – impers. vb. used with dat. and inf. = 'to have permission to do that'.
concedendum – supply **esse**; gerundival adj. 'that no concessions should be made'.
dum – used here + subj. = 'until such time as', almost a purpose clause.
ad deliberandum – note this use of **ad** + gerund to express purpose = 'to deliberate'.

ea legione . . . militibusque – ablatives, 'with the help of the legion . . .'.
perducit – note the use of **ducere** = 'to build', and the force of '**per**'; it was a continuous defence.
quo facilius – **quo** is generally used in place of **ut** if a purpose clause contains a comparative, although **ut** with a comparative is found in Latin.
se invito – abl. abs. 'himself unwilling' = 'against his will'.
iter dare = 'to allow or grant a passage'.
ostendit – 'explained', 'made clear'.
ea spe – abl. after **deiecti,** 'cast down from this hope' = 'disappointed in their hopes of this'.
nonnumquam = 'sometimes'; cf. **nonnulli** = 'some'.
hoc conatu – abl. after **destiterunt** = 'they abandoned this attempt'.

8 *One route remains, through the territory of the Sequani. Dumnorix persuades the Sequani to grant them a passage through.*

relinquebatur una via per Sequanos, qua, Sequanis invitis, propter angustias ire non poterant. itaque Helvetii legatos ad Dumnorigem Aeduum mittunt, ut opem eius peterent, cum apud Sequanos plurimum posset et Helvetiis esset amicus. rem suscipit et a Sequanis impetrat ut per fines suos Helvetios ire patiantur; perficit ut obsides inter se dent, ne Sequani itinere Helvetios prohibeant, ut Helvetii sine maleficio et iniuria transeant.

9 *Caesar learns of the intended march of the Helvetii and realises the dangers involved for the Province. He leaves hurriedly for Italy and returns with five legions.*

Caesari renuntiatur Helvetiis esse in animo per agrum Sequanorum et Aeduorum iter in fines Santonum facere. intellegebat, si id fieret, futurum cum magno provinciae periculo. ob eam causam ei munitioni quam fecerat Titum Labienum legatum praefecit; ipse in Italiam magnis itineribus contendit, duasque ibi legiones conscribit, et tres, quae circum Aquileiam hiemabant, ex hibernis educit; et, qua proximum iter in ulteriorem Galliam per Alpes erat, cum his quinque legionibus ire contendit.

10 *The Helvetii go through the lands of the Sequani and then begin to devastate the lands of the Aedui. The Aedui and the Allobroges appeal to Caesar for help.*

Helvetii iam per angustias et fines Sequanorum suas copias traduxerant et in Aeduorum fines pervenerant, eorumque agros populabantur. Aedui, cum se suaque ab eis defendere non possent, legatos ad Caesarem mittunt rogatum auxilium. eodem tempore Ambarri, necessarii et consanguinei Aeduorum, Caesarem certiorem faciunt se, vastatis agris, non facile vim hostium ab oppidis prohibere; item Allobroges, qui trans Rhodanum habitabant, fuga se ad Caesarem recipiunt et demonstrant nihil sibi relictum esse praeter agri solum. quibus rebus adductus Caesar non exspectandum sibi statuit dum, omnibus fortunis sociorum consumptis, in Santones Helvetii pervenirent.

Sequanis invitis – cf. **se invito** above.
apud + acc. = 'among'.
plurimum posse = 'to have very great influence'.
impetrat – **impetrare** = 'to gain a request'; the request is then explained by the '**ut . . . patiantur**' clause, 'that they should allow . . .'.
perficit – **perficere ut** + subj. = 'to arrange that . . .'.

renuntiatur – impers. 'news was brought back to Caesar'.
Helvetiis esse in animo – acc. and inf. after **renuntiatur**, 'that the Helvetii intended'.
futurum – supply **esse**; lit. 'that it would be with great danger to the province'; i.e. 'that the province would be in great danger'.
praefecit – **praeficere** + acc. and dat. = 'to appoint someone in command of'.
qua – 'where'.
proximum – 'nearest' and so 'shortest'.
contendit – note the different uses of **contendere** in this section. By itself **contendere** means 'to march', 'to hurry', but it can also be used + inf. = 'to hurry to (do something)'.

rogatum – supine expressing purpose after a verb of motion.
se recipiunt – 'they retreated', 'fled'.
agri solum – lit. 'the soil of the ground' = 'the bare earth'.
non exspectandum – supply **esse**; impers. use of gerundival adj., 'that he should not wait'; followed by **dum** + subj., 'for the Helvetii to reach . . .'.

11 *The Helvetii cross the river Arar; Caesar attacks them unawares and kills a large number of them.*

flumen est Arar, quod per fines Aeduorum et Sequanorum in Rhodanum influit incredibili lenitate ita ut oculis iudicari non possit in utram partem fluat. id Helvetii, ratibus ac lintribus iunctis, transibant. ubi per exploratores Caesar certior factus est Helvetios tres iam partes copiarum id flumen traduxisse, quartam vero partem citra flumen reliquam esse, de tertia vigilia cum legionibus tribus e castris profectus, ad eam partem pervenit quae nondum flumen transierat. eos impeditos et inopinantes aggressus, magnam eorum partem concidit. reliqui se fugae mandaverunt atque in proximas silvas abdiderunt.

4 Caesar: *The First Expedition to Britain*

1 *Late in the summer of 55 B.C. Caesar decides to cross into Britain to seek information about the people, ports and localities.*

exigua parte aestatis reliqua, Caesar in Britanniam proficisci constituit, quod omnibus fere Gallicis bellis auxilia inde hostibus nostris missa esse intellegebat, et arbitrabatur magno sibi usui fore, si modo insulam adisset et genus hominum perspexisset, loca portus aditus cognovisset; quae omnia fere Gallis erant incognita. neque enim temere praeter mercatores illo adit quisquam, neque eis ipsis quidquam praeter oram maritimam atque eas regiones quae sunt contra Gallias notum est. itaque vocatis ad se undique mercatoribus, tamen reperire poterat neque quanta esset insulae magnitudo, neque quae nationes incolerent, neque quem usum belli haberent, neque qui portus essent ad maiorum navium multitudinem idonei.

incredibili lenitate – abl. of manner, 'unbelievably slowly'.

ita ut iudicari non possit – result clause; lit. 'so that it cannot be decided by the eyes', i.e. 'so that the eye cannot tell'.

Helvetios traduxisse – **traducere** is used with two accs. = 'to take forces across'.

tres partes – 'three quarters'; so, **quattuor partes** = 'four fifths'.

citra – prep. + acc. = 'on this side of'.

de tertia vigilia – the Roman night was divided into 'watches' **(vigiliae)** of three hours each.

impeditos – 'impeded', 'heavily armed', 'laden', 'weighed down'; the opposite is **expeditus**, 'unencumbered'.

concīdit – **concīdere** is stronger than **caedere** and means 'to destroy utterly'.

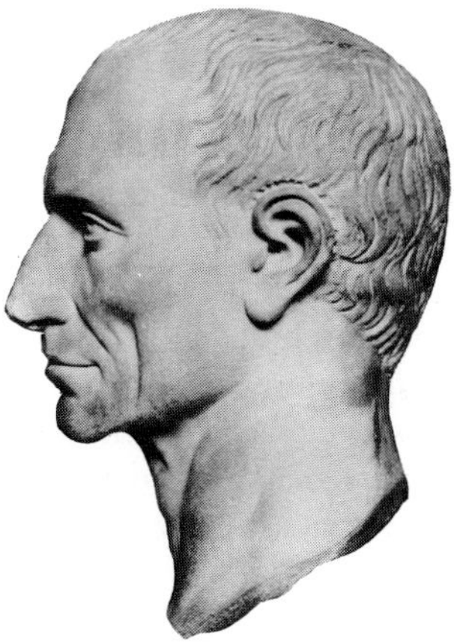

Head of Julius Caesar, born in 101 (100) B.C., murdered in 44 B.C.

exigua parte reliqua – abl. abs. without a participle; cf. **Caesare duce.**

inde – 'from there', i.e. from Britain.

usui – pred. dat.; usually joined with dat. of person: **sibi** = Caesar.

si adisset . . . perspexisset . . . cognovisset, the subj. is used in subordinate clauses in indirect speech. **adisset** for **adiisset.**

temere – 'without good reason'.

illo – adv. = 'to there', 'thither', cf. **eo.**

quisquam, quidquam – 'anyone', 'anything' in negative sentences.

vocatis mercatoribus – abl. abs. Translate by 'although' clause, as **tamen** following shows.

quanta esset . . . qui portus essent – four indirect question clauses dependent on **reperire poterat.**

maiorum – 'rather large'; a common translation when the comparative is not being used in direct comparisons.

2 *Caesar sends Volusenus to reconnoitre.*

ad haec cognoscenda, arbitratus idoneum esse, Gaium Volusenum cum navi longa praemittit. huic mandat ut, exploratis omnibus rebus, ad se quam primum revertatur. ipse cum omnibus copiis in Morinos proficiscitur, quod inde erat brevissimus in Britanniam traiectus. Volusenus, perspectis regionibus omnibus, cum navi egredi ac se barbaris committere non auderet, quinto die ad Caesarem revertitur quaeque ibi perspexisset renuntiat.

3 *The crossing of the English Channel.*

his constitutis rebus, nactus tempestatem ad navigandum idoneam, tertia fere vigilia solvit equitesque in ulteriorem portum progredi et naves conscendere et se sequi iussit. a quibus cum paulo tardius esset administratum, ipse hora circiter diei quarta cum primis navibus Britanniam attigit atque ibi in omnibus collibus copias armatas hostium expositas conspexit. legatis tribunisque militum convocatis, ostendit et quae ex Voluseno cognovisset et quae fieri vellet. his dimissis, nactus et ventum et aestum uno tempore secundum, dato signo et sublatis ancoris, septem circiter milia passuum ab eo loco progressus, naves aperto ac plano litore constituit.

4 *The Romans find landing difficult.*

at barbari, consilio Romanorum cognito, praemisso equitatu et essedariis, quibus plerumque in proeliis uti consuerunt, reliquis copiis subsecuti, nostros navibus egredi prohibebant. quibus rebus nostri perterriti atque huius generis pugnae omnino imperiti, non nitebantur eadem alacritate ac studio quo in pedestribus proeliis uti consuerant. quod ubi Caesar animadvertit, naves longas paulum removeri ab onerariis navibus et remis incitari et ad latus apertum hostium constitui atque inde hostes fundis sagittis tormentis propelli ac summoveri iussit; quae res magno usui nostris fuit.

ad haec cognoscenda – gerundival adj. with **ad** expressing purpose, 'to learn these things'.
navi longa – 'a long ship' = 'a warship'.
mandat ut – **mandare** followed by indirect command; 'he ordered him to . . .'.
in Morinos – 'into the lands of the Morini', a people in Northern Gaul.
perspexisset – note the use of the pluperf. subj. after a historic present main verb. Either sequence is possible in Latin after a historic present.

rebus – **res** is one of the words most frequently used in Latin. Try to avoid always translating it as 'thing'. Here it means something like 'arrangements'.
tempestatem – meaning? Surely not 'storm'?
a quibus – lit. 'by whom', i.e. 'by them'. Note this use of the relative pronoun for connecting sentences together. Look out for further examples of this.
administratum – **administrare** = 'to carry out'; used here impersonally in the passive; 'since his orders had been carried out'.
tardius – see note on **maiorum** above.
conspexit – note the different sense of 'see' in the following verbs– **conspicere, videre, spectare, intellegere.**
sublatis ancoris – **ancoram tollere** = 'to weigh anchor'.
aperto ac plano litore – abl. of place without a preposition.
constituit – a nautical term, 'stationed', not to be confused with the more common meaning 'decided'. Note the frequent use of naval terms in this section, e.g. **solvit, naves conscendere, sublatis ancoris.**

consilio – try to avoid translating **consilium** by 'plan'; (here = 'design', 'intention'.)
consuerunt – shortened form of **consueverunt** with present meaning, 'are accustomed'.
reliquis copiis – 'with the rest of the forces'.
rebus – see note on **res** in Section 3; cf. **quae res** below.
nitebantur – **niti** always has a suggestion of effort; 'they did not press forward'.
quo – governed by **uti**. We say 'the same as . . .'.
consuerant – what tense?
removeri . . . summoveri – five passive infinitives depending on **iussit.**
constitui – see above on **constituit,** Section 3.
quae res – cf. note on **rebus,** Section 3 above, 'this manœuvre'.

5 *After fierce fighting the Romans land and defeat the Britons.*

pugnatum est ab utrisque atrociter. nostri tamen, quod neque ordines servare neque firmiter insistere neque signa subsequi poterant, magnopere perturbabantur. quod cum animadvertisset, Caesar scaphas longarum navium militibus compleri iussit et, quos laborantes conspexerat, his subsidia submittebat. nostri, simulatque in arido constiterunt, in hostes impetum fecerunt atque eos in fugam dederunt neque longius persequi poterant, quod equites cursum tenere atque insulam capere non potuerant. hostes proelio superati, simulatque se ex fuga receperunt, statim ad Caesarem legatos de pace miserunt; se obsides daturos quaeque imperavisset facturos polliciti sunt.

6 *Hostilities are renewed when the ships bringing Caesar's cavalry are unable to land and a storm damages his fleet.*

his rebus pace confirmata, naves quae equites sustulerant ex superiore portu leni vento solverunt. quae cum Britanniae appropinquarent et ex castris viderentur, tanta tempestas subito coorta est ut nulla earum cursum tenere posset. eadem nocte accidit ut esset luna plena, qui dies maritimos aestus maximos in Oceano efficere consuevit; nostrisque id erat incognitum. ita uno tempore longas naves quas in aridum subduxerat aestus compleverat et onerarias quae ad ancoras erant deligatae tempestas afflictabat. quibus rebus cognitis, principes Britanniae constituerunt, rebellione facta, nostros frumento commeatuque prohibere et rem in hiemem producere. itaque magna multitudine peditatus equitatusque celeriter coacta, ad castra venerunt.

7 *The attack on the camp is beaten off, peace is made and Caesar returns to the Continent.*

Caesar legiones in acie pro castris constituit. commisso proelio, impetum nostrorum militum hostes ferre non diutius potuerunt ac terga verterunt. quos Romani secuti, complures ex eis occiderunt, deinde, omnibus aedificiis longe lateque incensis, se in castra receperunt. eodem die legati ab hostibus missi ad Caesarem de pace venerunt. his Caesar numerum obsidum duplicavit eosque in continentem adduci iussit. ipse idoneam tempestatem nactus, paulo post mediam noctem naves solvit; quae omnes incolumes ad continentem pervenerunt.

pugnatum est ab utrisque atrociter – note the order – 'there was a battle, fiercely contested by both sides'.
insistere – 'to get a footing'.
signa subsequi – 'to keep in regular formation'.
quos . . . conspexerat, his . . . submittebat – note the tenses, which show the 'frequentative' use; 'he sent up reserves to help any he saw in difficulties'. (The imperf. indic. in the main clause and pluperf. indic. in the subordinate clause are the clues to this 'frequentative' use.)
capere – what must be the meaning of **capere** here?
se receperunt – **se recipere** here = 'to recover'.
quaeque imperavisset – **imperare** + acc. = 'to demand'; subj. because the clause is inside indirect speech.

his rebus – what is the best English equivalent here?
ut nulla posset – note the negative in a result clause. cf. **ut non, ut numquam.**
accidit – **accidere** an impers. vb. with **ut** + subj. = 'to happen'.
qui dies – 'the day which . . .', i.e. the day of the month.
longas naves . . . aestus compleverat . . . onerarias naves . . . tempestas afflictabat – a neat sentence, two subjects, two objects, two main verbs.
subduxerat – **subducere** = 'to beach'; **deducere** = 'to launch'.
prohibere + acc. and abl. = 'to cut off from'.
rem – meaning?

diutius – adv. 'longer' (of time); cf. **longius,** 'longer' (usually) of distance.
terga verterunt – 'turned and fled'.
complures ex eis – 'several of them'; for this use of **ex** + abl. cf. **unus ex amicis.**
de pace – i.e. to discuss peace.
in continentem – to Gaul; Caesar took a strong line in ordering hostages to be brought to Gaul.
nactus – 'taking advantage of'; **nancisci** often has this meaning of making the most of an opportunity offered.

5 Caesar: *The Second Expedition to Britain*

8 *In the following year (54 B.C.) Caesar decides to make a more serious invasion of Britain. Leaving Labienus in charge on the Continent, he sets sail for Britain and lands without opposition.*

his rebus gestis, Labieno in continente cum tribus legionibus et equitum duobus milibus relicto ut portus tueretur et rem frumentariam provideret, ipse cum quinque legionibus et pari numero equitum quem in continenti reliquerat ad solis occasum naves solvit. leni Africo provectus, media circiter nocte vento intermisso, cursum non tenuit, et longius aestu delatus orta luce sub sinistra Britanniam relictam conspexit. accessum est ad Britanniam omnibus navibus meridiano fere tempore, neque in eo loco hostis est visus; sed, ut postea Caesar ex captivis cognovit, cum magnae manus eo convenissent, multitudine navium perterritae a litore discesserant ac se in superiora loca abdiderant.

9 *Acting on information gained from captives Caesar presses on against the British forces and drives them from their stronghold in the woods.*

Caesar, exposito exercitu et loco castris idoneo capto, ubi ex captivis cognovit quo in loco hostium copiae consedissent, cohortibus decem ad mare relictis et equitibus trecentis, qui praesidio navibus essent, de tertia vigilia ad hostes contendit. noctu progressus milia passuum circiter XII, hostium copias conspicatus est. illi equitatu atque essedis ad flumen progressi ex loco superiore nostros prohibere et proelium committere coeperunt. repulsi ab equitatu se in silvas abdiderunt. ex silvis rari propugnabant nostrosque intra munitiones ingredi prohibebant. at milites legionis septimae, testudine facta et aggere ad munitiones adiecto, locum ceperunt eosque ex silvis expulerunt, paucis vulneribus acceptis.

Roman troops in a *bireme*, a Roman galley with two banks of oars.

Labieno . . . relicto – notice the details supplied by the intervening words in this abl. abs.; a compact piece of writing.

rem frumentariam – 'the corn supply'.

pari numero quem – 'the same number as . . .'; the English idiom is different from the Latin one.

ad solis occasum – 'about sunset' (or **ad solem occidentem**); cf. **ad solis ortum** and **ad solem orientem.**

Africo (vento) – 'a south-west wind'.

sub sinistra – 'on the port side'.

accessum est ad Britanniam – 'it was arrived in Britain', 'Britain was reached'.

ut + indic. = 'as'.

cum = 'although'.

manus – 'forces'; **perterritae** below agrees with **manus.**

exposito exercitu, loco capto, cohortibus . . . relictis – notice the use of the three abls. abs. in quick succession and the compact structure of the sentence, a good example of a Latin period – abl. abs., time clause, indirect question, abl. abs., purpose clause, main clause.

qui followed by the subj. **essent** expressing purpose.

praesidio – pred. dat.

rari – 'in small groups'.

testudine – **testudo** = a barrier made by shields to protect the soldiers from enemy weapons.

aggere – **agger** = a ramp of earth built up to the height of the enemy fortifications.

10 *The advance is interrupted when Caesar receives news that his ships have been damaged in a storm.*

postridie eius diei mane tripertito milites equitesque in expeditionem misit, ut eos qui fugerant persequerentur. his aliquantum progressis, equites ad Caesarem venerunt, qui nuntiarent superiore nocte coorta tempestate prope omnes naves afflictas atque in litore eiectas esse. his rebus cognitis Caesar legiones equitatumque revocari atque in itinere resistere iubet, ipse ad naves revertitur.

11 *Caesar repairs his ships and resumes his advance. Cassivellaunus is made supreme commander of the British forces.*

coram perspicit eadem fere quae ex nuntiis litterisque cognoverat. itaque ex legionibus fabros deligit et ex continenti alios arcessi iubet. in his rebus circiter dies X consumit, ne nocturnis quidem temporibus ad laborem militum intermissis. subductis navibus castrisque egregie munitis, easdem copias, quas ante, praesidio navibus reliquit; ipse eodem unde redierat proficiscitur. eo cum venisset, maiores iam undique in eum locum copiae Britannorum convenerant, summa imperii communi consilio permissa Cassivellauno, cuius fines a maritimis civitatibus flumen dividit quod appellatur Tamesis. huic superiore tempore cum reliquis civitatibus continentia bella intercesserant; sed nostro adventu permoti, Britanni hunc toti bello praefecerant.

12 *A description of Britain—the tribes, the products and the climate.*

Britanniae pars interior incolitur ab eis quos natos in insula ipsi memoria proditum dicunt, maritima pars ab eis qui praedae ac belli inferendi causa ex Belgio transierunt et, bello illato, ibi permanserunt atque agros colere coeperunt. hominum est infinita multitudo creberrimaque aedificia fere Gallicis similia, pecorum magnus numerus. utuntur aut aere aut nummo aureo aut taleis ferreis ad certum pondus examinatis pro nummo. nascitur ibi plumbum album in mediterraneis regionibus, in maritimis ferrum, sed eius copia est exigua; aere utuntur importato. materia cuiusque generis ut in Gallia est, praeter fagum atque abietem. leporem et gallinam et anserem gustare fas non putant; haec tamen alunt animi voluptatisque causa. loca sunt temperatiora quam in Gallia, remissioribus frigoribus.

postridie eius diei mane – a peculiar expression for English readers, 'in the morning of the following day'.
his progressis – note, as you meet them, the dep. vbs. which Caesar uses in the abl. abs. construction.
qui nuntiarent – qui + subj. to express purpose.
afflictas (esse) – 'had been smashed'.
iubet, ipse revertitur – the conjunction is commonly omitted between main clauses.

coram – adv. 'with his own eyes'; **coram** is also used as a prep. + abl. = 'in the presence of', e.g. **coram populo**.
ne nocturnis quidem . . . intermissis – lit. 'not even night time(s) being omitted for the soldiers' work'; i.e. 'not even during the night was there a break in the soldiers' work'.
easdem copias quas – 'the same forces as . . .', cf. **pari numero quem** in Section 8 above.
ante – adv. **praesidio navibus** – cf. note, Section 9 above.
summa imperii – 'supreme authority', 'the office of commander-in-chief'.
huic continentia bella intercesserant – i.e. Cassivellaunus had been continually at war with the other states.

ab eis quos, etc. – a complicated relative clause, 'by those who the Britons themselves say tradition has it [lit. 'it has been handed down by tradition'] were born on the island'.
praedae – governed by **causa.**
belli inferendi causa – lit. 'for the sake of war having to be carried against', i.e. 'to inflict war'.
Gallicis – adj.; supply **aedificiis.**
nascitur – 'is found'.
praeter fagum atque abietem. leporem . . . – Caesar can hardly be accurate in his statements here.
animi voluptatisque causa – 'for amusement and pleasure'.
remissioribus frigoribus – abl. abs. 'the cold periods (of the year) being milder'.

13 *The geographical position of Britain.*

insula natura triquetra, cuius unum latus est contra Galliam. huius lateris alter angulus, qui est ad Cantium, quo fere omnes ex Gallia naves appelluntur, ad orientem solem, inferior ad meridiem spectat. hoc pertinet circiter milia passuum quingenta. alterum vergit ad Hispaniam atque occidentem solem; qua ex parte est Hibernia, dimidio minor, ut aestimatur, quam Britannia, sed pari spatio transmissus atque ex Gallia est in Britanniam. in hoc medio cursu est insula quae appellatur Mona. longitudo huius lateris est, ut fert illorum opinio, septingentorum milium. tertium latus est contra septentriones; cui parti nulla est obiecta terra, sed eius angulus lateris maxime ad Germaniam spectat. hoc milia passuum octingenta in longitudinem esse existimatur.

14 *Some of the customs of the inhabitants.*

ex Britannis longe sunt humanissimi qui Cantium incolunt, quae regio est maritima omnis, neque multum a Gallica consuetudine differunt. interiores plerique frumenta non serunt, sed lacte et carne vivunt pellibusque sunt vestiti. omnes vero Britanni se vitro inficiunt, quod caeruleum efficit colorem, atque hoc horridiores sunt in pugna aspectu capilloque sunt promisso atque omni parte corporis rasa praeter caput et labrum superius.

15 *The British forces resist the Roman advance and put the Romans at a disadvantage by their method of fighting.*

equites hostium essedariique acriter proelio cum equitatu nostro in itinere conflixerunt, tamen ut nostri omnibus partibus superiores fuerint atque eos in silvas collesque compulerint; sed, compluribus interfectis, cupidius insecuti nonnullos ex suis amiserunt. at illi, intermisso spatio, imprudentibus nostris atque occupatis in munitione castrorum subito se ex silvis eiecerunt impetuque facto in eos qui erant in statione pro castris collocati, acriter pugnaverunt. toto hoc in genere pugnae, cum sub oculis omnium ac pro castris dimicaretur, intellectum est nostros minus aptos esse ad huius generis hostem, equites autem magno cum periculo dimicare, quod hostes consulto plerumque cederent et, cum paulum ab legionibus nostros removissent, ex essedis desilirent et pedibus dispari proelio contenderent.

contra Galliam – 'opposite Gaul'.
appelluntur – 'put in', 'call', from **appellere.**
ad orientem solem – cf. note on **ad solis occasum** Section 8 above; **oriens sol** was used either for 'morning' or 'East' (as here); similarly **meridies** was used for 'South' and **sol occidens** for 'West'.
pari spatio atque – 'with the same distance as . . .'; note the difference in idiom.

ex Britannis – follows **humanissimi.**
quae regio – notice the position of the Latin relative, 'which region'; we say 'a region which'.
multum – adverbial acc. with **differunt,** 'differ much'.
a Gallica consuetudine – 'from the Gauls in their customs'.
lacte et carne – **vivere** governs an instrumental abl. = 'to live on'.
hoc – abl. neuter, 'by this', 'as a result of this'.
promisso capillo – abl. of description; notice carefully the different uses of the ablative in this section. **promissus** is the regular word for 'long', when applied to hair.

tamen ut – 'with the result, however, that . . .'.
fuerint . . . compulerint – notice the perf. subj. in a result clause, the regular way to denote completed action.
cupidius – compar. adv. 'more eagerly (than they ought)', 'too eagerly' (cf. **tardius,** Section 3 above).
intermisso spatio – supply **temporis,** 'after an interval'.
qui erant in statione pro castris collocati – **erant** with **collocati,** 'those on outpost duty in front of the camp'.
quod hostes cederent . . . contenderent – notice **quod** + subj. for a causal clause inside an indirect statement (introduced by **intellectum est**).

16 *After another defeat the Britons abandon full scale attacks. The Roman forces cross the Thames in spite of opposition.*

postero die, cum Caesar pabulandi causa tres legiones atque omnem equitatum misisset, repente ex omnibus partibus ad pabulatores advolaverunt. nostri acriter in eos impetu facto, reppulerunt et, magno eorum numero interfecto, praecipites egerunt; neque post id tempus umquam summis nobiscum copiis hostes contenderunt. Caesar ad flumen Tamesim in fines Cassivellauni exercitum duxit. eo cum venisset, animum advertit ad alteram fluminis ripam magnas esse copias hostium instructas. ripa autem erat acutis sudibus praefixis munita, sudesque eiusdem generis sub aqua defixae flumine tegebantur. sed tanta celeritate milites ierunt, cum capite solo ex aqua exstarent, ut hostes impetum legionum atque equitum sustinere non possent ripasque dimitterent ac se fugae mandarent.

17 *Cassivellaunus now disbands the great part of his forces and resorts to guerrilla tactics.*

Cassivellaunus, dimissis amplioribus copiis, milibus circiter quattuor essedariorum relictis, itinera nostra servabat paulumque ex via excedebat locisque impeditis ac silvestribus se occultabat; atque eis regionibus quibus nos iter facturos cognoverat pecora atque homines ex agris in silvas compellebat. cum equitatus noster liberius praedandi vastandique causa se in agros eiecerat, essedarios ex silvis emittebat et magno cum periculo nostrorum equitum cum eis confligebat atque hoc metu latius vagari prohibebat.

18 *Several British states surrender and Caesar captures the stronghold of Cassivellaunus.*

interim Trinobantes, prope firmissima earum regionum civitas, legatos ad Caesarem mittunt pollicenturque se ei dedituros atque imperata facturos. Trinobantibus defensis, aliae civitates, legationibus missis, se Caesari dedunt. ab his cognoscit non longe ex eo loco oppidum Cassivellauni abesse silvis paludibusque munitum. eo proficiscitur cum legionibus. hostes paulisper morati militum nostrorum impetum non tulerunt seque alia ex parte oppidi eiecerunt. magnus ibi numerus pecoris repertus, multique in fuga sunt comprehensi atque interfecti.

advolaverunt – 'swooped'; **advolare** is used of quick, sudden movements.
praecipites – from **praeceps (prae + caput)**, 'head first', 'in headlong flight'.
summis copiis – **summis = totis,** 'in full force', 'with all their forces'.
nobiscum contenderunt – **contendere cum** + abl. = 'to engage in battle with'.
animum advertit – often written as one word, **animadvertit,** 'he noticed'.
ad alteram fluminis ripam – 'on the other bank of the river'; notice that **ad** is not always used of motion towards a place. cf. **ad nonam horam** (time), 'at the 9th hour', **ad ducentos** (number) 'up to two hundred'.
praefixis – 'fixed in front', to protect the river bank; other stakes were hidden under water.
cum exstarent – concessive, 'although only their heads were above water'.
dimitterent = **relinquerent, desererent** – 'abandoned'.

servabat – 'dogged'; note the imperf. tense expressing repeated action; cf. **excedebat** and **occultabat** below.
ex via – i.e. 'from the route the Romans were taking'.
cum equitatus noster . . . se eiecerat – **cum** + pluperf. indic. = 'whenever'. See the note in Section 5 on the 'frequentative' use of the pluperf. indic. in a relative clause. An imperf. is used in the main clause for repeated action, as above.
liberius – comparative adverb, 'too carelessly'.
hoc metu – 'by fear of this'.

Trinobantes – the strongest tribe in Essex and south Suffolk; they took the lead in surrendering to Caesar, and other states followed their lead.
oppidum – clearly not a 'town' in our sense, but a kind of fortress, a regular meaning in Caesar.
se . . . eiecerunt – lit. 'threw themselves out', i.e. 'broke out from'.
repertus – supply **est.**

19 *Cassivellaunus makes one last effort, but when his attack on the naval camp fails he surrenders to Caesar.*

dum haec in his locis geruntur, Cassivellaunus ad Cantium, quod esse ad mare supra demonstravimus, quibus regionibus quattuor reges praeerant, nuntios mittit atque eis imperat ut, coactis omnibus copiis, castra navalia de improviso adoriantur. ei cum ad castra venissent, nostri, eruptione facta, multis eorum interfectis, capto etiam nobili duce Lugotorige, suos incolumes reduxerunt. Cassivellaunus, hoc proelio nuntiato, tot detrimentis acceptis, vastatis finibus, maxime etiam permotus defectione civitatum, legatos de deditione ad Caesarem mittit.

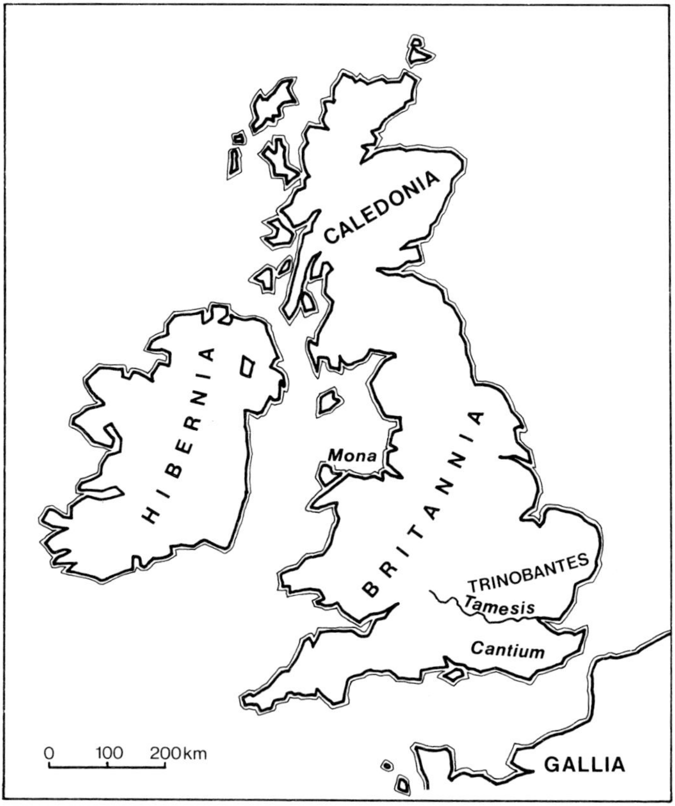

Caesar's expeditions to Britain

dum haec . . . geruntur – 'while this *was* going on'. Note the idiom, **dum** is used with the pres. indic. = 'while', when we would use an imperf. in English.

ei cum . . . reduxerunt – notice the three abls. abs. in this short sentence. We need to alter the idiom in English and either make separate sentences or use subordinate clauses; cf. the sentence following, which requires the same treatment.

maxime – 'most of all', 'more than anything else'.

de deditione – 'to discuss terms of surrender'. cf. Section 7, **de pace.**

Biography

6 Nepos: *Life of Hannibal*

The Carthaginians ruled over much of North Africa, and from Carthage they established trading posts in Sicily, Sardinia and Spain. The Romans, an expanding force from about 280 B.C., came into conflict with them over Sicily and, as a result of the First Punic War (264–241 B.C.), drove them out of Sicily and Sardinia. Despite these setbacks, Hamilcar Barca, Hannibal's father, saw room for economic expansion in Spain and set out for there from Carthage in 237 B.C. He was succeeded first by his brother Hasdrubal, who was killed in battle, and then by his son Hannibal.

1 *Hannibal assumes command of the Carthaginian forces in Spain, prepares for an invasion of Italy and crosses the Alps.*

cum patre in Hispaniam profectus est; cuius post obitum, Hasdrubale imperatore suffecto, equitatui omni praefuit. hoc quoque interfecto, exercitus summam imperii ad eum detulit. sic Hannibal, minor quinque et viginti annos natus imperator factus, proximo triennio omnes gentes Hispaniae bello subegit. Saguntum, foederatam civitatem, vi expugnavit. tres exercitus maximos comparavit. ex his unum in Africam misit, alterum cum Hasdrubale fratre in Hispania reliquit, tertium in Italiam secum duxit. quacumque iter fecit, cum omnibus incolis conflixit; neminem, nisi victum, dimisit. ad Alpes posteaquam venit, quae Italiam a Gallia seiungunt, Alpicos conantes prohibere transitum concidit; loca patefecit, itinera muniit, effecitque ut elephantus ornatus ire posset qua antea unus homo inermis vix poterat repere. hac copias traduxit in Italiamque pervenit.

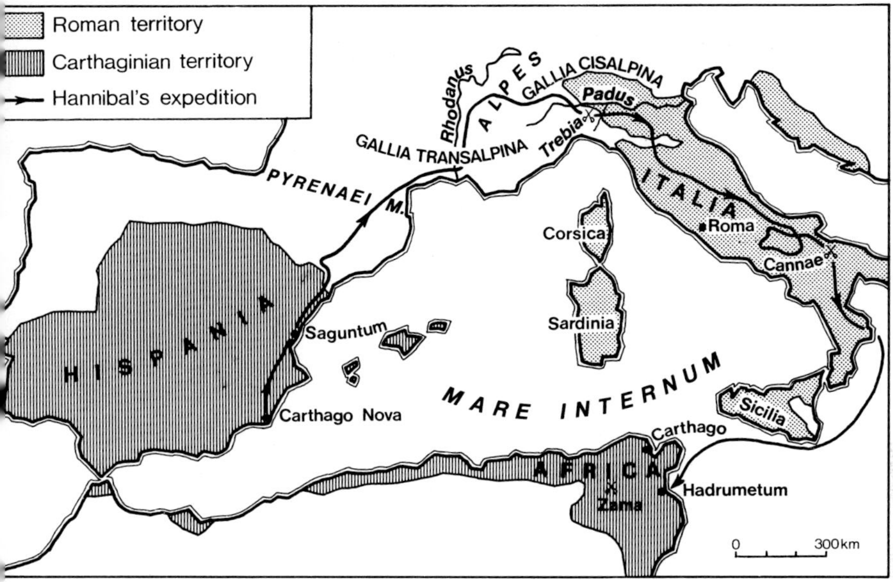

The Second Punic War

cum patre – i.e. with Hamilcar Barca.
suffecto – **sufficere** – 'to appoint in the place of someone'.
summam imperii – 'the chief command'; cf. Caesar, Chapter 5, Section 11.
minor – note omission of **quam** after **minor, plus, amplius,** etc.
foederatam civitatem – Saguntum was an allied state enjoying the benefits of a treaty **(foedus)** with Rome. Hannibal's attack on Saguntum in 218 B.C. led to the Second Punic War.
quacumque – **cumque** added to a word makes it indefinite; e.g., **quicumque** = 'whoever', **quandocumque** = 'whenever', **quacumque** = 'wherever'.
seiungunt – notice the prefix **se** = 'apart', cf. **separare, segregare, secedere.**
itinera muniit – cf. **viam munire** = 'to build a road'.
effecit ut . . . efficere ut + subj. = 'to bring it about that . . .'. The more natural English would be – 'he succeeded in crossing with fully loaded elephants where . . .'.
repere – an unusual word = 'to crawl', contrasted with **elephantus ornatus,** 'fully equipped as a carrier'.

2 *Hannibal's remarkable run of success against the Romans is brought to an end at Zama in 202 B.C.*

longum est enumerare proelia. quare hoc unum dictum erit satis, ex quo intellegi possit quantus ille fuerit. quamdiu in Italia fuit, nemo ei in acie restitit, nemo adversus eum post Cannensem pugnam castra posuit. invictus, patriam defensum revocatus, bellum gessit adversus Publii Scipionis filium quem ipse primum apud Rhodanum, iterum apud Padum, tertio apud Trebiam fugaverat. sed, exhaustis iam patriae facultatibus, cupivit cum hoc iam bellum componere, quo valentior postea congrederetur. in colloquium convenit; condiciones non convenerunt. post id factum paucis diebus apud Zamam cum eodem conflixit; pulsus, biduo et duabus noctibus (incredibile dictu) Hadrumetum pervenit, quod abest a Zama circiter milia passuum trecenta. Hadrumeti reliquos ex fuga collegit; novis delectibus paucis diebus multos contraxit.

3 *The Romans refuse to restore captives while Hannibal is still in command.*

cum in apparando acerrime esset occupatus Carthaginienses bellum cum Romanis composuerunt. ille nihilo setius exercitui postea praefuit, resque in Africa gessit usque ad P. Sulpicium et C. Aurelium consules. his enim magistratibus, legati Carthaginienses Romam venerunt, qui senatui populoque Romano gratias agerent, quod pacem fecissent, ob eamque rem corona aurea eos donarent, simulque peterent ut obsides captivique redderentur. his ex senatus consulto responsum est: munus eorum gratum acceptumque esse; se captivos non remissuros quod Hannibalem, inimicissimum nomini Romano, nunc cum imperio apud exercitum haberent. Carthaginienses, hoc responso cognito, Hannibalem domum revocaverunt.

4 *Hannibal, fearing arrest, eventually flees to Antiochus, king of Syria.*

hic, ut rediit, praetor factus, in eo magistratu pari diligentia se praebuit, ac fuerat in bello. namque effecit ex novis vectigalibus non solum ut esset pecunia quae Romanis ex foedere penderetur, sed etiam superesset quae in aerario poneretur. deinde anno post praeturam Romani legati Carthaginem venerunt. et Hannibal, ratus hos sui exposcendi gratia

longum est – 'it would be tedious'.

dictum – 'word', 'statement', referring to the words **quamdiu in Italia fuit. . . .**

quantus ille fuerit – 'what a great man he was', indirect question with **intellegi possit.** Note the subj. **possit** – 'it may be understood'.

post Cannensem pugnam – the battle of Cannae, 216 B.C., where Hannibal crushed the Roman forces.

patriam defensum – the supine in **-um** is used with verbs of motion to express purpose.

Publii Scipionis filium – the younger Scipio **(Scipio Africanus)** who finally defeated Hannibal at Zama, 202 B.C.

quo valentior – **quo** + compar. and subj. expresses purpose.

incredibile dictu – 'a remarkable thing to say'. The supine in **-u** is used in certain adjectival expressions, e.g. **facile dictu, mirabile dictu, optimum factu.**

in apparando – abl. of the gerund, 'in making preparations'.

resque gessit – 'and conducted campaigns'.

usque ad . . . '– right up to the time of . . .'. Note the Roman method of giving the date. Sulpicius and Aurelius were consuls in 201 B.C.

his magistratibus – abl. abs. 'during their consulship'.

qui gratias agerent – **qui** + subj. expressing purpose.

donarent, peterent – like **agerent** above, with **qui** expressing purpose. **donare** = 'to present someone (acc.) with something (abl.)'.

munus gratum esse – the reply is put into the acc. and inf.

quod haberent – subj. because this clause is inside an acc. and inf.

cum imperio apud exercitum – 'as commander in their army'.

praetor – not of course the Roman magistracy, but some important position in Carthage.

pari . . . ac – 'with the same . . . as . . .'.

effecit ut esset pecunia – cf. Section 1 above, 'he made sure that'.

quae penderetur – 'which was to be paid', as a war indemnity to Rome.

ex foedere – 'in accordance with the treaty'.

missos, priusquam senatus his daretur, navem conscendit clam atque in Syriam ad Antiochum profugit. hac re palam facta, Poeni naves duas quae eum comprehenderent, si possent consequi, miserunt; bona eius publicaverunt; domum a fundamentis disiecerunt; ipsum exsulem iudicaverunt.

5 *The Romans demand the surrender of Hannibal from Prusias, king of Bithynia.*

deinde ad Prusiam in Pontum pervenit. apud quem eodem animo fuit erga Italiam neque aliud quicquam egit quam regem armavit et exercuit adversus Romanos. quem cum videret domesticis rebus minus esse robustum, conciliabat ceteros reges, adiungebatque bellicosas nationes. quae dum in Asia geruntur, accidit casu ut legati Prusiae Romae apud T. Q. Flamininum consulem cenarent atque ibi de Hannibale mentione facta, ex his unus diceret eum in Prusiae regno esse. id postero die Flamininus senatui detulit. patres conscripti qui, Hannibale vivo, numquam se sine insidiis futuros existimabant, legatos in Bithyniam miserunt qui a rege peterent ne inimicissimum suum secum haberet sibique dederet.

6 *Hannibal finally commits suicide to avoid capture by the Romans.*

Hannibal se tenebat in castello quod ei ab rege datum erat muneri; idque sic aedificaverat ut in omnibus partibus aedificii exitum sibi haberet, semper verens ne id quod accidit eveniret. huc cum legati Romanorum venissent ac multitudine domum eius circumdedissent, puer ab ianua prospiciens Hannibali dixit complures praeter consuetudinem armatos apparere. qui imperavit ei ut omnes fores aedificii circumiret ac propere sibi renuntiaret num eodem modo undique obsideretur. cum puer celeriter quid esset renuntiavisset omnesque exitus occupatos ostendisset, sensit id non fortuito factum esse, sed se peti neque sibi diutius vitam esse retinendam. quam ne alieno arbitrio dimitteret, memor pristinarum virtutum, venenum quod semper secum habere consueverat sumpsit. sic vir fortissimus, multis variisque laboribus perfunctus, acquievit anno septuagesimo.

priusquam senatus daretur – expressing purpose *and* time; **senatus** is a 'hearing of the senate'.
quae comprehenderent – **quae** + subj. for purpose; **comprehendere** = 'to seize'.
a fundamentis disiecerunt – 'they razed to the ground'.

apud quem – 'at his house'. Note the three different meanings of **apud** – 'near' (of places), 'in' **(apud exercitum)**, 'at the house' (of people).
neque aliud . . . – i.e. Hannibal expended all his energies in arming and training the king.
accidit ut . . . cenarent . . . diceret – **accidit ut** + subj. = 'it happened that'.
Hannibale vivo – abl. abs. 'during Hannibal's lifetime'.
qui peterent ne – purpose, 'to ask the king not to'; **ne** after **peterent** – indirect command.
suum secum – note that these words refer to different people. The Romans ask Prusias not to keep with him their bitterest enemy.

muneri – pred. dat. 'for a gift', 'as a gift'.
verens ne . . . eveniret – 'fearing that what did in fact happen might take place'.
praeter consuetudinem – lit. 'contrary to custom', better translated freely 'as was unusual', i.e. an unusually large number of men in arms.
num – 'if' or 'whether' in indirect question.
quid esset – 'what the position was'.
(**neque sibi**) **vitam esse retinendam** – gerundival adj. after **sensit.** He realised that life should not be held on to by himself (**sibi,** dative of agent) – 'that he should not hold on to life'.
quam – supply **vitam.**
alieno arbitrio – 'at someone else's decision'.
acquievit – from **acquiescere,** a euphemism for 'he died'; cf. **e vita excessit, periit, obiit.**

7 Suetonius: *Life of Augustus*

1 *The birth and early life of Augustus.*

natus est Augustus M. Tullio Cicerone C. Antonio conss. VIIII Kal. Octob., paulo ante solis ortum, regione Palatii, ad Capita bubula, ubi nunc sacrarium habet, aliquanto postquam excessit constitutum. infanti cognomen Thurino datum est, in memoriam maiorum originis, vel quod regione Thurina pater Octavius adversus fugitivos rem prospere gesserat. postea cognomen Gai Caesaris et deinde Augusti assumpsit. quadrimus patrem amisit. duodecimum annum agens aviam Iuliam defunctam laudavit. quadriennio post, virili toga sumpta, militaribus donis triumpho Caesaris Africano donatus est, quamquam expers belli erat propter aetatem. mox, vixdum firmus a gravi valetudine, per infestas hostibus vias, paucissimis comitibus, naufragio etiam facto, subsecutus avunculum in Hispaniam adversus Cn. Pompeii liberos profectum magnopere demeruit. Caesare post receptas Hispanias expeditionem in Dacos et inde in Parthos destinante, praemissus Apolloniam studiis vacavit. ut primum comperit eum occisum seque heredem, diu cunctatus hereditatem adiit.

Octavius, later known as Augustus, was the adopted son of Julius Caesar. After the defeat of Antony at Actium (31 B.C.) he was undisputed ruler. Besides introducing many reforms, he repaired old buildings in Rome and built others, including the temple of Mars Ultor, shown here in ruins and reconstructed.

conss. = **consulibus,** i.e. 63 B.C. This was the normal method of denoting the year.

VIIII Kal. Octob. See the note on dates on pages 126–7.

regione Palatii – the Palatine was one of the four original districts of Rome.

ad Capita bubula – 'the Ox Heads'; the name does not occur elsewhere.

postquam excessit – 'after his death'.

cognomen – see the note on Roman names on page 125. **Thurino** is dative, attracted into the case of **infanti.** He was given the **cognomen Thurinus** perhaps because his ancestors came from Thurii, perhaps because his father had won a victory against runaway slaves near Thurii.

Gai Caesaris – after his adoption by Julius Caesar in his will.

quadrimus – 'at the age of four'.

laudavit – 'he delivered the funeral oration for his grandmother Iulia'.

virili toga sumpta – he assumed the **toga virilis** in 48 B.C. and took part in Caesar's African triumph in 46 B.C.

dona militaria were rewards given by generals at a triumph to their officers.

subsecutus – he went to Spain in 45 B.C. in the campaign against the sons of Pompey, Cnaeus and Sextus, which ended with the battle of Munda.

magnopere demeruit – 'he was of great service'.

Caesare destinante – Caesar planned expeditions against the Dacians and Parthians, but was murdered before he could mount these campaigns.

studiis – dat. **vacare** + dat. = 'to have time for'.

hereditatem adiit – 'he entered upon his inheritance'; this amounted to threequarters of Caesar's estate and adoption.

2 *The period of the civil wars, 44–31 B.C.*

bella civilia quinque gessit; e quibus primum et novissimum adversus M. Antonium, secundum adversus Brutum et Cassium, tertium adversus L. Antonium triumviri fratrem, quartum adversus Sextum Pompeium Cn. f. et societate cum Antonio et Lepido inita, Philippense quoque bellum, quamquam invalidus atque aeger erat, duplici proelio transegit. sed M. Antonii societatem, semper dubiam et incertam, abrupit tandem, testamentumque, quod is Romae reliquerat, liberis de Cleopatra inter heredes nuncupatis, aperiundum recitandumque curavit. nec multo post navali proelio apud Actium vicit. cum ab Actio Samum in hiberna se recepisset, turbatus nuntiis de seditione militum praemia et missionem postulantium, Italiam repetivit. non amplius quam septem et viginti dies Brundisii commoratus, donec desideria militum ordinarentur, Aegyptum petivit; obsessaque Alexandria, quo Antonius cum Cleopatra confugerat, brevi potitus est. et Antonium quidem seras condiciones pacis temptantem ad mortem adegit, viditque mortuum. Cleopatra, quam servatam triumpho magnopere cupiebat, morsu aspidis periit.

3 *Foreign campaigns; successes and reverses.*

externa bella duo omnino per se gessit, Dalmaticum adulescens adhuc, et, Antonio devicto, Cantabricum. Dalmatico etiam vulnera excepit, acie dextrum genu lapide ictus, et crus et utrumque bracchium ruina pontis consauciatus. reliqua per legatos administravit. Ianum Quirinum, bis a condita urbe ante id tempus clausum, pace terra marique parta, ter clausit. bis ovans ingressus est urbem; tres triumphos egit, Dalmaticum, Actiacum, Alexandrinum. graves ignominias cladesque duas omnino, nec alibi quam in Germania, accepit, Lollianam et Varianam, sed Lollianam maioris infamiae quam detrimenti, Varianam paene exitiabilem, tribus legionibus cum duce legatisque et auxiliis omnibus caesis. hac nuntiata, excubias per urbem indixit, ne quis tumultus exsisteret, et praesidibus provinciarum propagavit imperium, ut a peritis et assuetis socii continerentur. ferunt eum adeo consternatum esse ut per continuos menses, barba capilloque summisso, caput interdum foribus illideret, vociferans: 'Quintili Vare, legiones redde!' diem cladis quotannis maestum habuit et lugubrem.

tertium – L. Antonius was besieged in Perusia in 41 B.C.
Cn. f. = **Cnaei filium;** Sextus Pompeius – defeated in 35 B.C.
societate inita – the Second Triumvirate, 43 B.C. Brutus and Cassius were defeated at Philippi in 42 B.C.
abrupit tandem – the final break came in 32 B.C. when war was declared on Cleopatra as the result of a propaganda campaign by Augustus.
nuncupatis – a technical term, 'formally named among his heirs'.
curavit – **curare** used with acc. and gerundival adj. = 'to see that something is done'.
apud Actium – the battle of Actium, 31 B.C. **Actium**, a cape on the coast of Acarnania.
Samus (Samos) – an island off the coast of Asia Minor.
donec + subj. for purpose = 'to give time for . . .'.
seras condiciones – even at this late stage Antony tried to make terms; he failed and committed suicide in 30 B.C. Cleopatra too committed suicide rather than be 'kept for Augustus' triumph'.

Dalmaticum – Dalmatia, on the east coast of the Adriatic; the campaign lasted from 35 to 33 B.C.
Cantabricum – the Cantabri, in northern Spain; the campaign was fought in 26 B.C.
genu, crus, bracchium are accusatives of the part affected; 'in the knee, leg, arm'.
Ianum Quirinum – the temple of Janus Quirinus was closed only during times of peace; Augustus closed it three times.
ovans – referring to an **'ovatio'**, 'a lesser triumph'.
accepit – 'suffered'. Lollius was defeated in Germany in 17 B.C.; three legions under Varus were wiped out in A.D. 9.
maioris infamiae – gen. of description.
excubias – 'day-time watches'.
praesidibus provinciarum – 'governors of provinces'.
propagavit imperium – 'he prolonged the command'.
ferunt – 'they say that . . .'.
diem cladis – 'he observed a day of sorrow and mourning on the anniversary of the disaster', i.e. August 2nd.

4 *He abandons thoughts of 'restoring the republic'; the restoration and rebuilding of temples; changes in the arrangements for public spectacles.*

de reddenda republica bis cogitavit; primum post oppressum statim Antonium, ac rursus taedio diuturnae valetudinis, cum, magistratibus ac senatu domum accitis, rationarium imperii tradidit, sed in retinenda perseveravit. urbem, non ornatam pro maiestate imperii et inundationibus incendiisque obnoxiam, adeo excoluit ut iure gloriatus sit se relinquere marmoream quam latericiam accepisset. publica opera plurima exstruxit, e quibus vel praecipua Forum cum aede Martis Ultoris, templum Apollinis in Palatio, aedem Tonantis Iovis in Capitolio. aedes sacras vetustate collapsas aut incendio absumptas refecit easque et ceteras opulentissimis donis adornavit. confusissimum morem spectandi correxit, motus iniuria senatoris, quem Puteolis per celeberrimos ludos nemo receperat. facto igitur decreto patrum ut primus ordo subselliorum vacaret senatoribus, Romae legatos liberarum sociarumque gentium vetuit in orchestra sedere. militem secrevit a populo. maritis a plebe proprios ordines assignavit, praetextatis cuneum suum et proximum paedagogis, sanxitque ne quis pullatorum media cavea sederet, feminis ne gladiatores quidem, nisi ex superiore loco, spectare concessit. athletarum vero spectaculo muliebre secus omne summovit.

5 *His last journey through Campania and his death at Nola,* A.D. *14.*

Neapolim traiecit, quamquam etiam tum infirmus morbo variante; tamen et quinquennale certamen gymnicum honori suo institutum perspectavit et cum Tiberio ad destinatum locum contendit. sed rediens, adgravata valetudine, tandem Nolae succubuit revocatumque ex itinere Tiberium diu secreto sermone detinuit, neque post ulli maiori negotio animum accommodavit. supremo die identidem exquirens an iam de se tumultus foris esset, petito speculo, capillum sibi comi ac malas labantes corrigi praecepit. omnibus deinde dimissis, dum advenientes ab urbe de Drusi filia aegra interrogat, repente in complexu Liviae et in hac voce defecit—'Livia, nostri coniugii memor vive, ac vale!', sortitus exitum facilem et qualem semper optaverat. obiit in cubiculo eodem, quo pater Octavius, S. Pompeio et S. Appuleio cons. XIIII Kal. Septembr. hora diei nona, septuagesimo et sexto aetatis anno.

de reddenda republica – Augustus claimed to have restored the republic in 27 B.C. Suetonius is referring to his thoughts of retiring from public life.
valetudinis – he was very ill in 23 B.C. when he handed over the '**summary**' of the state of the Empire to the magistrates and senate.
in retinenda – supply **republica.**
pro maiestate – **pro** 'in keeping with' or 'as befitted' the majesty of Rome.
obnoxiam + dat. = 'liable to'. Floods and fires were common dangers in Rome.
gloriatus sit – 'he boasted that he had received a city built of brick and left one of marble'.
Martis Ultoris – '**Ultor**', 'the avenger', was a name given to Mars.
Tonantis Iovis – '**Tonans**', 'the thunderer', was one of the titles of Jupiter.
confusissimum morem spectandi – the confused seating arrangements at public shows.
Puteolis – Puteoli, a favourite resort on the coast of Campania.
nemo receperat – 'no one had given a seat to'.
cuneum suum – 'their own section'.
media cavea – abl. 'in the middle area'.
pullati here means those not dressed in a toga.
feminis . . . spectare concessit – 'allowed women to watch'.
secus – indecl. neuter noun = 'sex'. He removed women from athletic spectacles entirely.

quamquam . . . – 'although weakened by recurrent attacks of illness'.
quinquennale certamen gymnicum – 'the five-yearly athletic contest', established as a mark of honour to Augustus.
succubuit – 'he took to his bed'.
post – adv. = 'afterwards'.
ulli maiori negotio – 'to any matter of major importance'.
tumultus – it was natural to expect some 'excitement' when people heard about his illness.
Drusus – **Nero Claudius Drusus** (died 9 B.C.) brother of Tiberius, adopted by Augustus.
sortitus – **sortiri** = 'to be fortunate enough to find'.
cons. XIIII. Kal. Septembr. – see the note on Roman dates on pages 126–7.

Letters

Letter writing in Rome

We learn a great deal about the private lives of the Romans from the hundreds of letters which have been preserved. There was no state postal service such as we have today, but influential Romans used their own slaves as couriers (**tabellarii**), and under the Empire Augustus organised a system of official couriers for communication between the provinces and Rome, but not for private correspondence.

Cicero is the writer of most of the letters that have survived, because his secretary, Tiro, kept a copy of letters dictated to him, and in some cases also of the replies received. Atticus, Cicero's closest friend, also kept the letters which Cicero wrote to him, and later published them. Many of Cicero's letters are news-letters, largely concerned with politics, but many are more personal, and from these we get a very vivid picture of life at Rome and in the provinces. In the selections given below we see the change in Cicero's attitude to his wife Terentia.

The letters of the Younger Pliny, selections from which are also given, are rather different in character. Most of Cicero's letters were not written for publication. Pliny wrote on a variety of topics and deliberately chose to express his views in the form of a letter. They are not imaginary letters, but they were written for publication, and this makes them less immediate in their appeal. Here is one of his shorter letters, in which he reminds a friend that he has not had a letter from him for a long time and asks him to write even in conventional terms to assure him that all is well.

C. Plinius Fabio Iusto suo S.

olim mihi nullas epistulas mittis. nihil est, inquis, quod scribam. at hoc ipsum scribe, nihil esse quod scribas, vel solum illud, unde incipere priores solebant: 'si vales, bene est; ego valeo.' hoc mihi sufficit; est enim maximum. ludere me putas? serio peto. fac sciam quid agas, quod sine sollicitudine summa nescire non possum. vale.

Marcus Tullius Cicero, famous as an orator and philosopher. He was Consul in 63 B.C. and assassinated in 43 B.C.

It is an accepted convention today that we begin a letter with an address, a date and some form of greeting such as 'Dear Sir'. Since there was no official postal service and Cicero had to use his own or his friends' slaves as couriers, no purpose was served by beginning with an address. If there was need to say where he was, he ended the letter with such words as 'I wrote this at Brundisium' and added the date. The conventional form of greeting was to begin the letter with the writer's name in the *nominative* followed by the name of the recipient in the *dative* with the addition of **S.D. (salutem dicit)** or **S.P.D. (salutem plurimam dicit)** or simply **Sal.** or **S.** (=**salutem**), omitting **dicit,** e.g. **Cicero Attico Sal.** – Cicero sends good wishes to Atticus. The conventional endings for a letter were **cura ut valeas** (best wishes) or **vale** (goodbye), but there are many variations of these.

Note the greeting. Pliny greets his friend Fabius Iustus. **S.** stands for **salutem,** 'best wishes', 'good health'; **dicit** is omitted.

olim – cf. **iam diu;** 'now for a long time', 'still'. Note the pres. tense **mittis;** Fabius Iustus is still not writing.

quod scribam – 'to write'.

hoc ipsum – 'only this', explained by **nihil esse quod scribas.**

solum illud – 'only this', explained by **si vales** etc. These words were commonly abbreviated to **S.V.B.E.E.V.**

priores – 'letter-writers in olden days'.

est maximum – 'it is very important'.

fac sciam – **facere** + subj. with or without **ut** = 'to make sure that . . .'. The English equivalent is 'let me know'.

quid agas – lit. 'what you are doing', i.e. 'how you are getting on'.

8 Cicero: *Letters to his Wife Terentia*

1 *Cicero had been exiled for putting Roman citizens to death without trial in his handling of the Catilinarian conspiracy. In this letter, written in 58 B.C., he says that he has learned of the remarkable courage his family are showing while he is in exile. He regrets that he has brought trouble to them by following the advice of foolish friends. The letter is addressed to his wife (Terentia), his daughter Tullia) and his son (Marcus Cicero).*

Tullius Terentiae suae, Tulliolae suae, Ciceroni suo S.D.

et litteris multorum et sermone omnium perfertur ad me incredibilem tuam virtutem et fortitudinem esse teque nec animi neque corporis laboribus defatigari. me miserum! te in tantas aerumnas propter me incidisse, Tulliolamque nostram tantos percipere luctus! nam quid ego de Cicerone dicam? qui, cum primum sapere coepit, acerbissimos dolores miseriasque percepit. omnia sunt mea culpa commissa, qui ab eis me amari putabam qui invidebant. si nostris consiliis usi essemus neque apud nos tantum valuisset sermo aut stultorum virorum aut improborum, beatissimi viveremus.

Terentia had written to Cicero saying that she intended to sell their country house because of pressing financial difficulties. This proposal distressed him, and he is worried about the future of their son. He urges her to take care of herself and keep writing to him.

quod ad me, mea Terentia, scribis te vicum vendituram, quid, obsecro te, (me miserum!) quid futurum est? et si nos premet eadem fortuna, quid puero misero fiet? non queo reliqua scribere; tanta vis lacrimarum est; neque te in eundem fletum adducam; tantum scribo: si erunt in

The site of Cicero's villa at Tusculum (near Frascati) in Latium, which gave the title *Tusculan Disputations* to one of his philosophical works.

See the note on letter-writing and the conventional forms of greeting (pages 62, 63).

Tulliolae – 'my dear little Tullia'. Words ending in **-ola, -olus,** (e.g. **filiolus**) and **-ulus** (e.g. **puerulus**) are called diminutives and are often, as here, used as terms of endearment.

Ciceroni – his son Marcus. Note that Cicero uses the family name when referring to his son.

perfertur – impers. 'news is brought to me', followed by acc. and inf.

me miserum – an acc. of exclamation, rather like our 'poor me!'.

te incidisse – acc. and inf. for an exclamation, 'to think that you have fallen . . .'.

cum primum + indic. – 'as soon as'. Marcus was about 7 years old.

mea culpa . . . qui – lit. 'by my fault who . . . '.

si usi essemus . . . viveremus – a mixed condition, 'if we had followed . . . we would now be living in complete happiness'.

tantum valere = 'to have so much influence'.

quod ad me scribis – lit. 'as for the fact that you write that . . .' i.e. 'as to the proposal in your letter that you intend to sell . . .'.

quid puero misero fiet – 'what will become of our poor boy?'

neque te . . . adducam – Cicero means that he cannot make Terentia feel the same grief as he does over the proposed sale.

tantum – 'only'.

officio amici, pecunia non deerit; si non erunt, tu efficere tua pecunia non poteris.

Dyrrachium veni, quod et libera civitas est et in me officiosa et proxima Italiae; sed si offendet me loci celebritas, alio me conferam, ad te scribam. fac valeas et ad me tabellarios mittas, ut sciam quid agatur et vos quid agatis. Tulliolae et Ciceroni salutem dic. valete. d. a.d. VI K. Decembr. Dyrrachi.

2 *Terentia seems to have been reproving Cicero for the brevity of his letters to her. He says that he has not the heart to write.*

noli putare me ad quemquam longiores epistulas scribere, nisi si quis ad me plura scripsit, cui puto rescribi oportere; nec enim habeo quid scribam nec hoc tempore quicquam difficilius facio; ad te vero et ad nostram Tulliolam non queo sine plurimis lacrimis scribere; vos enim video esse miserrimas, quas ego beatissimas semper esse volui, idque praestare debui et, nisi tam timidi fuissemus, praestitissemus. hem, mea lux, meum desiderium, unde omnes opem petere solebant! te nunc, mea Terentia, sic vexari, sic iacere in lacrimis et sordibus, idque fieri mea culpa, qui ceteros servavi, ut nos periremus!

Terentia has been worried about the cost of rebuilding their house in Rome which has been destroyed by Cicero's enemies. He tells her to rely on the generosity of their friends.

quod de domo scribis, ego vero tum denique mihi videbor restitutus, si illa nobis erit restituta. verum haec non sunt in nostra manu. obsecro te, mea vita, quod ad sumptum attinet, sine alios, qui possunt si modo volunt, sustinere et valetudinem istam infirmam, si me amas, noli vexare. nam mihi ante oculos dies noctesque versaris; omnes labores te excipere video; timeo ut sustineas. sed video in te esse omnia. ego ad quos scribam nescio, nisi ad eos qui ad me scribunt, aut ad eos de quibus ad me vos aliquid scribitis. longius, quoniam ita vobis placet, non discedam; sed velim quam saepissime litteras mittatis, praesertim si quid est firmius quod speremus. valete, mea desideria, valete. d. a.d. III Non. Oct. Thessalonica.

in officio esse = 'to be loyal'. **efficere** – an unusual intransitive use, rather like our colloquial 'make out' or 'make do'.

Dyrrachium – Cicero had gone to Dyrrachium, on the Adriatic coast of Greece. He thinks it may be too crowded.

fac valeas – **facere** followed by subj. without **ut,** 'see that you keep well'.

quid agatur et vos quid agatis – 'what is going on and how you are faring'.

d. = **data,** 'given', to the courier **(tabellarius)**; we would say 'posted'.

quemquam – **quisquam** is used in negative sentences for 'anyone'.

nisi si quis – 'unless there is anyone who . . .', or simply 'unless anyone'. **quis** is used for 'anyone' after **si, nisi, ne, num.**

plura – 'at greater length'.

rescribi – impers. pass. with **oportere,** 'that a reply ought to be written'.

praestare = 'to take care of', 'make sure of'.

nisi fuissemus, praestitissemus – a condition contrary to fact in past time, 'if I had not been timid, I would have made sure of this'.

hem – an exclamation of pain, 'Alas!'

lux, desiderium – terms of endearment.

te . . . sic vexari, sic iacere . . . idque fieri – note the use again of acc. and infin. for exclamation.

quod scribis – 'as for your remarks (about our house)'.

in nostra manu – it is interesting that we have the same metaphor in English, though we usually say 'out of our hands'.

quod ad sumptum attinet – a parenthetical expression, 'as far as concerns the expense'.

sine is the imperative of **sinĕre**, 'to allow'.

si me amas – almost equivalent to 'I beg of you'.

timeo ut sustineas – 'I fear that you will not bear the cost'. Note **timeo ne** 'I fear that'; **timeo ut** 'I fear that not'.

discedam – i.e. Cicero will not move further away from Terentia than he is at this time.

velim (ut) mittatis – lit. 'I could wish that you send', 'please send'.

3 *This letter was written in 49 B.C., just after the beginning of the Civil War. Cicero is worried about what will happen to his family in Rome.*

Tullius Terentiae et Pater Tulliae, duabus animis suis, et Cicero matri optimae, suavissimae sorori S.P.D.

si vos valetis, nos valemus. si ille Romam modeste venturus est, recte in praesentia domi esse potestis; sin homo amens urbem diripiendam daturus est, vereor ut Dolabella ipse satis nobis prodesse possit. etiam illud metuo, ne iam intercludamur, ut non liceat, cum velitis, exire. quo modo quidem nunc se res habet, bellissime vel mecum vel in nostris praediis esse poteritis. etiam illud verendum est, ne brevi tempore fames in urbe sit. vos, meae carissimae animae, quam saepissime ad me scribite et quid vos agatis et quid Romae agatur. valete. VIII K. Minturnis.

4 *Cicero, after long hesitation, finally joined Pompey against Caesar. He was pardoned by Caesar after the battle of Pharsalus in 48 B.C. and he wrote this letter on his return to Italy.*

Tullius Terentiae suae S.D.

quod gaudes nos in Italiam salvos venisse, perpetuo gaudeas velim; sed perturbati dolore animi magnisque iniuriis metuimus ne ceperimus id consilii quod non facile explicare possimus. qua re, quantum potes, adiuva; quid autem possis, mihi in mentem non venit. nihil est quod te in viam des hoc tempore. et longum iter et non tutum, et non video quid prodesse possis, si veneris. vale.

5 *This is the last preserved letter which Cicero wrote to his wife. The affectionate tone has gone and he writes curtly and coldly. He divorced Terentia in the following year.*

Tullius Terentiae suae

in Tusculanum nos venturos putamus aut Nonis aut postridie. ibi ut sint omnia parata. plures enim fortasse nobiscum erunt et, ut arbitror, diutius ibi commorabimur. si labrum in balneo non est, ut sit, item cetera quae sunt ad victum et ad valetudinem necessaria. vale. K. Oct. de Venusino.

The form of address is very affectionate – Tullius, the husband and father, greets Terentia and Tullia, 'his two souls'; and sends his greeting to 'his excellent mother and most charming sister'.
ille – Caesar. Caesar had invaded Italy and would soon occupy Rome.
diripiendam – gerundival adj. after **dare** – 'to hand over to be plundered'.
vereor ut – **ut** is often used after **vereor** for fearing that something will not happen. cf. **timeo ut** Section 3 above.
Dolabella – Tullia's husband, and a supporter of Caesar.
bellissime – 'most conveniently'.
quam saepissime – 'as often as you can'.
Note the abbreviated date; the month (February) and the year are omitted.
Minturnae is a town on the borders of Latium and Campania.

nos = 'I'; use of plur. for sing. **quod gaudes** – 'as for your joy that . . .'.
velim – followed by the subj. **gaudeas**, without **ut**, 'I should like you to . . .'; cf. **velim mittatis** Section 2 above.
perturbati – note use of the plur. for sing.
quid . . . possis – indirect question 'to what extent you can (help)'.
in mentem non venit – 'I cannot think'.
nihil est quod – 'there is no reason why'. He urges Terentia against joining him.

Tusculanum – his villa at Tusculum. cf. **Venusinum** below, his villa at Venusia.
Nonis 'on the 7th of the month'.
ut sint omnia parata – supply '**fac**', 'see that everything is ready'.
labrum – 'a wash basin'.
ut sit – 'make sure that it is'.

9 Pliny: *Selections*

1 *Pliny combines work and pleasure. During a hunting expedition he engages in study and recommends this practice to his friend Tacitus.*

C. Plinius Cornelio Tacito suo S.

ridebis et licet rideas. ego Plinius ille, quem nosti, apros tres et quidem pulcherrimos cepi. 'ipse?' inquis. ipse; non tamen ut omnino ab inertia mea et quiete discederem. ad retia sedebam; erat in proximo non venabulum aut lancea, sed stilus et pugillares; meditabar aliquid enotabamque, ut, si manus vacuas, plenas ceras reportarem. non est quod contemnas hoc studendi genus; mirum est ut animus agitatione motuque corporis excitetur; iam undique silvae et solitudo ipsumque illud silentium, quod venationi datur, magna cogitationis incitamenta sunt. proinde, cum venabere, licebit, auctore me, ut panarium et laguneulam sic etiam pugillares feras: experieris non Dianam magis montibus quam Minervam inerrare. vale.

2 *Much time is taken up daily by fulfilling all sorts of necessary engagements in Rome. How trivial they seem to be when I reflect on them in Laurentum, where it is possible to study and relax undisturbed.*

C. Plinius Minicio Fundano suo S.

si quem interroges: 'hodie quid egisti?', respondeat: 'officio togae virilis interfui, sponsalia aut nuptias frequentavi, ille me ad signandum testamentum, ille in advocationem, ille in consilium rogavit. haec quo die feceris, necessaria, eadem, si cotidie fecisse te reputes, inania videntur, multo magis cum secesseris. tunc enim subit recordatio: 'quot dies quam frigidis rebus absumpsi!' quod evenit mihi, postquam in Laurentino meo aut lego aliquid aut scribo aut etiam corpori vaco, cuius fulturis animus sustinetur.

Roman wax tablets used for letter-writing. They were hinged at the back and fastened with thongs.

et licet rideas – 'and well you may laugh'; **licet** is often used with the subj. without **ut.** But cf. **licebit ut feras** below.

nosti – for **novisti; novi** (perfect of **nosco**) is used for knowing a person.

non tamen ut . . . discederem – to be taken humorously.

in proximo – 'nearby', 'at hand'.

non est quod contemnas – 'there is no reason for despising'.

ut – 'how', introducing an indirect question or indirect exclamation after **mirum est.**

quod venationi datur – 'which is observed in hunting'.

me auctore – 'if you take my tip'.

experieris – 'you will find out that' followed here by the acc. and inf.

Dianam . . . Minervam – Diana, goddess of hunting; Minerva, goddess of wisdom. Pliny's point is that there are as many opportunities in the country-side for study as for hunting.

si quem interroges . . . respondeat – note the form of the condition, with two present subjunctives, 'if one were to ask anyone . . . he would reply'. **quem – quis** = 'anyone' after **si, nisi, ne, num.**

officio togae virilis – 'the ceremony of assuming the **toga virilis**'. Roman boys wore the **toga praetexta** (white with a purple border) until the age of 15, when they assumed the **toga virilis** (plain white).

ille . . . ille . . . ille – 'one man . . . another . . . a third'.

ad signandum testamentum – 'to witness a will'; **in advocationem** 'to give legal assistance'; **in consilium** 'to serve on a panel'.

haec quo die feceris . . . videntur – translate in this order: **'haec videntur necessaria (esse) (eo) die quo feceris (sed), si reputes te fecisse cotidie, eadem videntur inania (esse). . . .'**

multo magis cum secesseris – 'much more so when you leave the city'; note the fut. perf. tense; cf. **feceris** above.

in Laurentino meo – 'in my villa at Laurentum'.

corpori vaco – 'I have time to devote to physical exercise', lit. 'I am at leisure for my body'.

nihil audio quod audisse, nihil dico quod dixisse paeniteat; nemo apud me quemquam sinistris sermonibus carpit, neminem ipse reprehendo, nisi tamen me, cum parum commode scribo; nulla spe, nullo timore sollicitor, nullis rumoribus inquietor; mecum tantum et cum libellis loquor. o rectam sinceramque vitam, o dulce otium honestumque ac paene omni negotio pulchrius.

3 *Pliny describes a dinner party. The host, who has graded his friends into higher and lower classes, entertains them with food and wine accordingly.*

C. Plinius Avito suo S.

longum est altius repetere quemadmodum acciderit ut homo minime familiaris cenarem apud quendam lautum et diligentem, ut sibi videbatur, ut mihi sordidum simul et sumptuosum. nam sibi et paucis opima quaedam, ceteris vilia et minuta ponebat. vinum etiam parvulis lagunculis in tria genera discripserat, non ut potestas eligendi, sed ne ius esset recusandi, aliud sibi et nobis, aliud minoribus amicis (nam gradatim amicos habet), aliud suis nostrisque libertis. animadvertit qui mihi proximus recumbebat, et an probarem interrogavit. negavi. 'tu ergo,' inquit, 'quam consuetudinem sequeris?' 'eadem omnibus pono; ad cenam enim, non ad notam invito cunctisque rebus exaequo quos mensa et toro aequavi.' 'etiamne libertos?' 'etiam; convictores enim tunc, non libertos puto.' et ille: 'magno tibi constat.' 'minime.' 'qui fieri potest?' 'quia scilicet liberti mei non idem quod ego bibunt, sed idem ego quod liberti.' vale.

4 *Fannia, wife of Helvidius, contracts an illness while nursing a relative in the house attached to the temple of Vesta. She had shown herself steadfast, resolute and courageous during a life of great hardship.*

C. Plinius Prisco suo S.

angit me Fanniae valetudo. contraxit hanc, dum adsidet Iuniae virgini, sponte primum (est enim adfinis), deinde etiam ex auctoritate pontificum. nam virgines, cum vi morbi atrio Vestae coguntur

quod audisse (paeniteat) . . . quod dixisse paeniteat – 'nothing of the sort that I would be sorry to have heard . . . nothing that I would be sorry to have said'; relative with the subj. in a consecutive sense.
sinistris sermonibus – 'with malicious remarks'.
o rectam sinceramque vitam – the English idiom is to use either an exclamation, 'what a virtuous life!', or a simple statement, 'my life is virtuous etc.'

longum est altius repetere – 'it would be tedious to recall in too great detail'.
acciderit ut – 'it happened that'.
ut sibi videbatur – **ut** + indic. = 'as', 'as he thought'.
opima quaedam – he and his friends were served with delicious food and wine while the rest of the company were given cheap fare in small portions.
parvulis – dimin. of **parvus** is used contemptuously; cf. our use of 'tiny' and 'minute'.
potestas eligendi – 'chance to choose'.
aliud . . . aliud . . . aliud – 'one kind **(genus)** of wine . . . another . . . another'.
recumbebat – guests reclined **(recumbere)** at a dinner party.
an probarem – **an** introducing an indirect question; **num** is more common.
ad notam – i.e. not to be marked or discriminated against, referring to the 'black mark' made in the censors' lists against the names of unworthy senators.
tunc – 'then', i.e. when they are invited to dine.
magno constat – 'it must cost a lot'; **magno** abl. (of price).
qui – 'how?', an old form of the abl. singular.

virgini – for **virgini Vestali,** one of the Vestal virgins, priestesses of the goddess Vesta.
pontificum – the college of priests **(pontifices)**.
atrio – the 'residence' attached to the temple of Vesta.

excedere, matronarum curae custodiaeque mandantur. quo munere Fannia dum sedulo fungitur, hoc discrimine implicita est. insident febres, tussis increscit, summa macies, summa defectio; animus tantum et spiritus viget, Helvidio marito, Thrasea patre dignissimus; reliqua labuntur meque non metu tantum, verum etiam dolore conficiunt. doleo enim maximam feminam eripi oculis civitatis numquam similem visuris. quae castitas illi, quae sanctitas, quanta gravitas, quanta constantia! bis maritum secuta in exsilium est, tertio ipsa propter maritum relegata. nam, cum Senecio reus esset, quod de vita Helvidi libros composuisset, dixissetque in defensione se a Fannia rogatum, quaerente minaciter Mettio Caro an rogasset, respondit: 'rogavi'; an commentarios scripturo dedisset: 'dedi'; an sciente matre: 'nesciente'; postremo nullam vocem cedentem periculo emisit. quin etiam illos ipsos libros, quamquam ex necessitate et metu temporum abolitos senatus consulto, publicatis bonis servavit, habuit tulitque in exsilium exsilii causam. vale.

5 *Pliny, suffering from eye trouble, writes to assure his friend Cornutus that he is carrying out his orders not to strain his eyes.*

C. Plinius Cornuto suo S.

pareo, collega carissime, et infirmitati oculorum, ut iubes, consulo. nam et huc tecto vehiculo undique inclusus quasi in cubiculo perveni et hic non stilo modo, verum etiam lectionibus difficulter, sed abstineo solisque auribus studeo. cubicula obductis velis opaca nec tamen obscura facio. cryptoporticus quoque adopertis inferioribus fenestris tantum umbrae quantum luminis habet. sic paulatim lucem ferre condisco. balineum adsumo, quia prodest, vinum, quia non nocet, parcissime tamen. ita adsuevi, et nunc custos adest.

gallinam, ut a te missam, libenter accepi; quam satis acribus oculis, quamquam adhuc lippus, pinguissimam vidi. vale.

sedulo – adv. 'carefully', 'zealously'.
discrimine – 'hazard', 'dangerous illness'.
Helvidio marito, Thrasea patre – her husband Helvidius Priscus and her father Thrasea Paetus had been prominent Stoics persecuted in the reign of Domitian.
reliqua labuntur – 'the rest of her faculties are failing'.
oculis civitatis numquam similem visuris – 'from the eyes of the world that will never see her equal'.
quod composuisset – **quod** + subj. for the reason alleged by Senecio's accusers.
se a Fannia rogatum – Senecio said that he had been asked by Fannia to write a life of Helvidius Priscus.
Mettio Caro – Mettius Carus, the prosecutor of Senecio.
scripturo – agreeing with **Senecioni** to be supplied.
nullam vocem cedentem periculo emisit – 'she did not utter a word that suggested she was giving in to the peril'.
quin etiam – 'what is more'; introducing an additional point.
quamquam . . . abolitos – 'although suppressed by a decree of the senate'.
publicatis bonis – 'when her possessions were confiscated'; **publicare,** 'to make public property', 'to confiscate'.

consulo – **consulere** can be used + acc. = 'to consult', or as here + dat. = 'to look after', 'to attend to'.
tecto vehiculo – a covered litter or carriage.
stilo . . . lectionibus – supply **abstineo.** Pliny finds it difficult to abstain from writing and reading, but forces himself to do so.
solisque auribus – abl. of instrument.
cryptoporticus – a covered gallery or passage.
tantum umbrae quantum luminis – 'as much shade as light'.
custos – 'keeper', perhaps his doctor or his wife.
ut a te missam – 'as it was a gift sent by you'.
pinguissimam – slightly playful, but a complimentary way to end the letter.

6 *Pliny says that we are very virtuous when we are stricken by sickness; all our vices seem to leave us. We should remember this when we get well again.*

C. Plinius Maximo suo S.

nuper languor amici cuiusdam me admonuit nos esse optimos, dum infirmi sumus. quem enim infirmum aut avaritia aut libido sollicitat? non amoribus servit, non adpetit honores, opes neglegit. tunc meminit deos esse, tunc se esse hominem, invidet nemini, neminem miratur, neminem despicit ac ne sermonibus quidem malis is aut attendit aut alitur; balinea imaginatur et fontes. haec sunt summa curarum, summa votorum, atque in posterum destinat vitam mollem pinguemque, si contingat evadere, hoc est innoxiam beatamque. possum ergo, quod plurimis verbis, plurimis etiam voluminibus philosophi docere conantur, ipse breviter tibi mihique praecipere, ut tales esse sani perseveremus, quales nos futuros profitemur infirmi. vale.

7 *Pliny speaks of special honours given to Pallas, a freedman of the Emperor Claudius. Distinctions are sometimes thrown away on worthless people; it is better to laugh than to be indignant at such things.*

C. Plinius Montano suo S.

ridebis, deinde indignaberis, deinde ridebis, si legeris quod, nisi legeris, non potes credere. est via Tiburtina intra primum lapidem (proxime adnotavi) monumentum Pallantis ita scriptum: 'huic senatus ob fidem pietatemque erga patronos ornamenta praetoria decrevit et sestertium centies quinquagies, cuius honore contentus fuit.' maxime hic titulus me admonuit quam essent mimica et inepta, quae interdum in hoc caenum, in has sordes abicerentur; quae ille furcifer et recipere ausus est et recusare atque etiam ut moderationis exemplum posteris prodere. sed quid indignor? ridere satius, ne putent se magnum aliquid adeptos. vale.

quem infirmum – 'what man, when he is sick . . .?'
aut attendit aut alitur – note the use of **sermonibus malis** with these two verbs; **attendere** requires a dative (='pay heed to'), **ali** requires an instrumental ablative (='to be encouraged by').
balinea . . . fontes – 'baths and mineral springs', visited by the sick for health reasons.
haec sunt summa curarum, summa votorum – 'these [i.e. baths, springs] are the sum of his anxieties, the sum of his aspirations'.
in posterum destinat – i.e. if he is fortunate enough to get well, he is determined to live happily without harming anybody.
breviter tibi mihique praecipere – 'to lay down in a few words for your benefit and my own', explained by the **ut . . . perseveremus** clause following.
sani – 'when in good health', used of the mind as well as of the body.

via Tiburtina – abl. 'on the road to Tibur (Tivoli)'.
lapidem – 'milestone'.
ornamenta praetoria – 'the distinctions of a praetor'.
sestertium centies quinquagies – 15 million sesterces.
cuius honore contentus – 'he only accepted the honour of this (not the money)'.
in hoc caenum, in has sordes – 'on such scum and on such contemptible creatures'.
recipere ausus est et recusare – Pallas had the nerve to accept part of the honour and to refuse part.
satius (est) – 'it is better'.

Oratory

10 Cicero: *The Story of Sthenius*

1 *Cicero has promised to select the most outstanding of the crimes of Verres and he now tells of the latter's treatment of Sthenius.*

dixi iam ante me non omnia facinora istius enumeraturum, sed electurum ea quae maxime excellerent. accipite nunc aliud eius facinus nobile et multis locis saepe commemoratum, et eius modi ut in uno omnia maleficia inesse videantur. attendite diligenter. Sthenius est hic qui nobis adsidet, Thermitanus, antea multis propter summam virtutem summamque nobilitatem, nunc propter suam calamitatem atque istius insignem iniuriam omnibus notus.

2 *Verres abused the hospitality of Sthenius by removing all the fine furniture and paintings he had collected.*

huius hospitio Verres cum esset usus, et cum apud eum non solum Thermis saepenumero fuisset, sed etiam habitavisset, omnia domo eius abstulit. etenim Sthenius ab adulescentia paulo studiosius haec comparaverat: supellectilem ex aere elegantiorem et Deliacam et Corinthiam, tabulas pictas. quae, cum in Asia adulescens esset, studiose, ut dixi, comparaverat. quae posteaquam iste omnia abstulit, alia rogando, alia poscendo, alia sumendo, ferebat Sthenius ut poterat. angebatur animi necessario quod domum eius exornatam iste iam reddiderat nudam atque inanem. verum tamen dolorem suum nemini impertiebat; praetoris iniurias tacite, hospitis placide gerendas arbitrabatur.

non omnia – **non** goes closely with **omnia.** Therefore Cicero uses **dixi** *not* **negavi.**
istius – Cicero frequently uses **iste** to refer to the defendant; here = Verres.
quae maxime excellerent – subj. because the relat. cl. is inside the indirect statement, 'the most outstanding'.
eius modi ut . . . – 'of such a kind that . . .'.
qui nobis adsidet – 'who is sitting beside me', in court.
Thermitanus – 'from Thermae', a town in Sicily.
istius – 'at the hands of Verres'.

hospitio uti followed by gen. of the person, 'to be entertained by'.
paulo studiosius – 'perhaps too enthusiastically', for Roman taste.
Deliacam – 'made in Delos', a small island in the Aegean Sea.
Corinthiam – 'made in Corinth'. Both Delos and Corinth were renowned for their works in bronze.
alia . . . alia . . . alia . . . – 'some, others, others', explaining **omnia** etc. Note the abl. of the gerund for the instrument, 'by asking' **(rogando).**
ferebat ut poterat – 'put up with the situation as best he could', because Verres was a Roman official and a guest in his house.
animi – a rare use of the genitive, 'in mind'; cf. the locative.
reddiderat nudam atque inanem – 'had stripped and emptied'.
gerendas – 'must be borne'.

3 *Verres then tried to enlist Sthenius' help in removing some beautiful statues from the main square in Thermae.*

interea iste, cum signa quaedam pulcherrima atque antiquissima Thermis in publico posita vidisset, adamavit; a Sthenio petere coepit ut ad ea tollenda operam suam profiteretur seque adiuvaret. Sthenius vero non solum negavit, sed etiam ostendit nullo modo fieri posse ut signa antiquissima, monumenta P. Africani, ex oppido Thermitanorum tollerentur. etenim, ut simul Africani quoque humanitatem et aequitatem cognoscatis, oppidum Himeram Carthaginienses quondam ceperant, quod fuerat in primis Siciliae clarum atque ornatum. Scipio, qui hoc dignum populo Romano arbitraretur, bello confecto, socios sua per nostram victoriam recuperare, Siculis omnibus capta quae potuit restituenda curavit. Himera deleta, cives reliqui se Thermis conlocaverant in isdem finibus neque longe ab oppido antiquo, et arbitrabantur se patrum fortunas et dignitatem recuperare, cum illa maiorum ornamenta in eorum oppido conlocabantur.

4 *Verres fails in his attempt to remove these statues.*

erant signa ex aere complura; haec iste ad insaniam concupivit. cum haec posceret agereturque ea res in senatu, Sthenius vehementissime restitit atque, ut in primis Siculorum in dicendo copiosus est, affirmavit esse honestius Thermitanis urbem relinquere quam pati tolli ex urbe monumenta maiorum, spolia hostium, beneficia clarissimi viri, indicia societatis populi Romani atque amicitiae. commoti animi sunt omnium; repertus est nemo quin diceret satius esse mori. itaque hoc adhuc oppidum Verres invenit prope solum in orbe terrarum unde eius modi rerum de publico nihil per vim, nihil occulte, nihil imperio, nihil gratia, nihil pretio posset auferre.

adamavit – stronger than **amavit**, 'coveted'.

ad ea tollenda – common use of the gerundival adj. for purpose, 'to remove them'.

operam profiteri – 'to offer one's services'.

fieri posse ut . . . – 'to be possible that . . .'.

Africani – Publius Scipio was given the additional name of Africanus in honour of his victory over Hannibal in Africa.

in primis – lit. 'among the first'; it comes to mean 'especially' and here it goes with **clarum** and **ornatum.**

qui arbitraretur – **qui** + subj. = 'because he . . .'.

socios sua recuperare – acc. and inf. explaining what was worthy of the Roman people, 'that their allies should recover their own possessions'.

restituenda curavit – note the use of **curare** with acc. and gerundival adj., 'to arrange for something being done'.

ad insaniam – 'to the point of madness', 'madly'.

in senatu – 'in the town council'.

in primis Siculorum – cf. note on **in primis** above, Section 3. These words go closely with **copiosus,** almost making it superlative – 'the most fluent speaker among the Sicilians'.

honestius – 'more honourable'.

nemo repertus est quin diceret – lit. 'no one was found who did not say . . .', i.e. 'they all said . . .'. **quin** here is nomin. = **qui non** + subj.

satius – 'better', 'preferable'.

unde . . . posset auferre – note the subj. = 'the sort of town from which . . .'. Note too the emphatic and effective repetition of **nihil.**

5 *Verres is determined to get his own back on Sthenius.*

iratus iste vehementer Sthenio atque incensus hospitium ei renuntiat, domo eius emigrat. eum autem statim inimicissimi Stheni domum suam invitant, ut animum eius in Sthenium inflammarent ementiendo aliquid et criminando. tum iste iis aperte ostendit et confirmavit eos in Sthenium probaturos quidquid vellent, simul atque ad se detulissent. itaque illi non procrastinant, Sthenium statim educunt, aiunt litteras publicas ab eo esse corruptas. Sthenius postulat ut, cum sui cives secum agant de litteris publicis corruptis, Verres se ad leges reiceret. iste homo omnium aequissimus atque a cupiditate remotissimus confirmat se cogniturum esse; paratum ad causam dicendam venire hora nona iubet.

6 *Sthenius realises Verres' intention and flees to Rome.*

non erat obscurum quid homo improbus ac nefarius cogitaret; neque enim ipse satis occultaverat. intellectum est istum id agere ut, cum Sthenium sine ullo argumento ac sine teste damnavisset, tum homo nefarius de homine nobili virgis supplicium crudelissime sumeret. quod cum esset perspicuum, de amicorum sententia Thermis Sthenius Romam profugit. iste homo certus et diligens ad horam nonam praesto est, Sthenium citari iubet. quem posteaquam videt non adesse, dolore ardere atque iracundia furere coepit, servos domum Stheni mittere. itaque dum exspectat quid certi sibi adferatur, ante horam tertiam noctis de foro non discedit.

renuntiat, etc. – note the historic present tenses used for vividness in this section. Translate as past tenses.

inimicissimi – superlative adj. used as a noun – 'the bitterest enemies of Sthenius'.

ementiendo aliquid et criminando – 'by making some false accusation'.

vellent, detulissent – subj. because they belong to subordinate clauses in indirect speech.

deferre and **educere** are legal terms; **deferre** 'to lodge a person's name with the magistrate'; **educere** 'to prosecute', 'summon'.

ad leges reiceret – Sthenius demands to be tried by the laws of the town of Thermae (**reicere** = 'to refer to', 'to hand over to'), but Verres is determined to try the case himself.

aequissimus . . . remotissimus – the words are sarcastic.

cogniturum esse – **cognoscere** = 'to try a case'; **causam dicere** = 'to plead a case', 'defend oneself'.

id agere ut . . . – 'that Verres' object was to . . .'.

argumentum – 'proof'.

virgis supplicium sumeret – flogging of Roman citizens was forbidden by law.

praesto esse – 'to be present'; **citare** is another legal term, 'to call the name of someone in court to see if he is present' (cf. the different meaning of 'cite').

dolore – note that **dolor** more often means 'resentment', 'anger' than 'grief'.

dum exspectat quid certi adferatur – 'while he waited (to see) what sure information could be brought'. **certi** is partitive gen. after **quid**.

11 Cicero: *Catiline*

The first speech of Cicero against Catiline was delivered in the senate, 8th November, 63 B.C. Catiline has been foiled in his attempts to gain power by legal means and has formed a conspiracy to overthrow the government. His lieutenant, Manlius, has taken up arms in Etruria and a state of emergency has been proclaimed. But Catiline still stays in Rome, as if nothing has happened.

1 *Why are you still here, Catiline? Your plans and movements are known and you deserve to be put to death.*

quam diu furor tuus nos eludet? quem ad finem se iactabit audacia? nihilne te nocturnum praesidium Palati, nihil urbis vigiliae, nihil timor populi, nihil ora vultusque moverunt? patere tua consilia non sentis? quid proxima, quid superiore nocte egeris, ubi fueris, quos convocaveris, quid consili ceperis quem nostrum ignorare arbitraris? o tempora, o mores! senatus haec intellegit, consul videt; hic tamen vivit. vivitne? immo vero etiam in senatum venit, fit publici consili particeps, notat oculis ad caedem unumquemque nostrum. nos autem fortes viri satis facere rei publicae videmur, si istius furorem ac tela vitamus. ad mortem te, Catilina, duci iussu consulis iam pridem oportebat.

2 *Scipio killed Tiberius Gracchus, and Opimius was responsible for the death of Caius Gracchus, when they were causing disturbances in the state. We, the consuls, are at fault, Catiline, in allowing you to remain in Rome.*

vir amplissimus, P. Scipio, pontifex maximus, Ti. Gracchum mediocriter labefactantem statum rei publicae privatus interfecit; Catilinam orbem terrae caede atque incendiis vastare cupientem nos consules perferemus? habemus senatus consultum in te, Catilina,

The Senate House (Curia), built by Caesar on earlier foundations. Its present form dates from the end of the third century A.D.

se iactabit – 'will flaunt itself'.
nihil – note the emphatic repetition of **nihil** at the beginning of each clause; **nihil** is acc. used in an adverbial sense, 'in no way', 'not at all'.
Palati – the Palatine Hill in Rome; we would rather speak of garrisons *on* the Palatine Hill.
quid egeris, ubi fueris, quos convocaveris, quid consili ceperis – all indirect questions after **quem nostrum ignorare arbitraris?**
o tempora, o mores – acc. of exclamation; cf. **me miserum.**
immo vero – 'further', 'what is more'.
nos fortes viri . . . – Cicero is very scornful of the failure of the consuls to do anything decisive against Catiline.
duci – present infin. pass. of **ducere.**
iam pridem – 'long ago', 'long before now'; note the use of the imperfect tense.

Publius Scipio – consul of 138 B.C. usually known as Scipio Nasica, a prominent politician; **privatus** is emphatic; he was not consul.
pontifex maximus – head of the college of priests.
Tiberius Gracchus – murdered in 133 B.C. for his part in a campaign for land reform.
perferemus – 'shall we tolerate?'
in te – **in** + acc. = 'against'. **te** could be abl. = 'in your case'.

vehemens et grave; non deest rei publicae consilium neque auctoritas huius ordinis; nos, nos, dico aperte, consules desumus. decrevit quondam senatus ut L. Opimius consul videret ne quid detrimenti res publica caperet; nox nulla intercessit; interfectus est propter quasdam seditionum suspiciones C. Gracchus. at vero nos vicesimum iam diem patimur hebescere aciem horum auctoritatis. cupio, patres conscripti, me esse clementem, cupio in tantis rei publicae periculis non dissolutum videri, sed iam me ipse inertiae nequitiaeque condemno.

3 *Your associates have taken up arms in Etruria, yet their leader is still in Rome. Change your mind, since all your plans are known.*

castra sunt collocata in Italia contra populum Romanum in Etruriae faucibus, crescit in dies hostium numerus; videtis autem eorum castrorum imperatorem ducemque hostium intra moenia atque adeo in senatu intestinam perniciem rei publicae cotidie molientem. muta iam istam mentem, mihi crede, obliviscere caedis atque incendiorum. teneris undique; luce sunt clariora nobis tua consilia omnia.

4 *In October I forecast the actual date of Manlius' rising in Etruria and the date of a planned massacre of the senate. That plan was foiled by my precautions.*

meministine me ante diem XII Kalendas Novembres dicere in senatu fore in armis certo die C. Manlium, audaciae satellitem tuae? num me fefellit, Catilina, non modo res tam atrox tamque incredibilis, verum etiam dies? dixi ego idem in senatu te caedem optimatium in ante diem V Kalendas Novembres contulisse. num infitiari potes te illo ipso die meis praesidiis, mea diligentia circumclusum commovere te contra rem publicam non potuisse? nihil agis, nihil moliris, nihil cogitas quod ego non modo non audiam sed etiam videam planeque sentiam.

5 *I even know the plans you made at the meeting at Laeca's house on November 6th, when your attempt to have me murdered failed.*

recognosce mecum noctem illam superiorem; iam intelleges me vigilare multo acrius ad salutem quam te ad perniciem rei publicae. dico te venisse in M. Laecae domum; convenisse eodem complures eiusdem

vehemens et grave – 'in strong and serious terms'.
decrevit senatus ut consul videret – Cicero quotes the exact words of the decree passed by the senate in times of emergency instructing the consuls to see that the state came to no harm. Opimius was consul in 121 B.C. and was responsible for the death of Caius Gracchus, the younger brother of Tiberius.
vicesimum iam diem patimur – 'we have been allowing already (**iam**) for twenty days'; note the pres. tense **patimur.**
hebescere – 'to become blunted'; cf. **adolescere**, 'to become adult'.
inertiae nequitiaeque – genitives after a verb of *accusing* or *condemning*.

in dies – 'daily', 'from day to day'. Compare the difference between this phrase and '**cotidie**', 'daily', 'every day'.
atque adeo – 'and what is more'.
obliviscere – imperative of **oblivisci,** which governs the gen.
teneris – 'you are hemmed in'.
omnia – notice the emphatic position.

ante diem XII Kalendas Novembres – 21st October; see the note on dates on page 126.
Manlius – Catiline's lieutenant, who started an open revolt in Etruria.
non modo res, verum etiam dies – both **res** and **dies** are subjects of **fefellit,** 'surely the fact and the time did not escape my notice?' It is more natural to use the passive in English – 'surely I was correct, not only about . . . but even about . . .?'
ante diem V Kalendas Novembres – 28th October.
nihil – note the emphatic repetition again, but **nihil** is not used adverbially here as in Section 1 above.

recognosce mecum – 'go back again in your mind with me'.
ad salutem . . . ad perniciem – **ad** + acc. expressing purpose, 'with a view to'; **ad salutem** = 'to save the state', **ad perniciem** = 'to destroy the state'

amentiae scelerisque socios. num negare audes? quid taces? convincam, si negas. video enim esse hic in senatu quosdam qui tecum una fuerunt. o di immortales! quam rem publicam habemus? in qua urbe vivimus? hic, hic sunt in nostro numero, patres conscripti, in hoc orbis terrae sanctissimo gravissimoque consilio, qui de nostro omnium interitu, qui de huius urbis exitio cogitent. hos ego consul video; hos nondum voce vulnero! fuisti igitur apud Laecam illa nocte, Catilina, distribuisti partes Italiae, delegisti quos Romae relinqueres, quos tecum educeres, discripsisti urbis partes ad incendium, confirmasti te ipsum iam esse exiturum. reperti sunt duo equites Romani qui pollicerentur se illa nocte paulo ante lucem me in meo lecto interfecturos esse. haec ego omnia, vixdum etiam coetu vestro dimisso, comperi; domum meam maioribus praesidiis munivi atque firmavi; exclusi eos quos tu ad me salutatum mane miseras.

6 *Therefore leave Rome, Catiline; there is nothing else for you to do.*

quae cum ita sint, Catilina, egredere aliquando ex urbe; patent portae; proficiscere. educ tecum etiam omnes tuos, si minus, quam plurimos; purga urbem. magno me metu liberaveris, modo inter me atque te murus intersit. nobiscum versari iam diutius non potes; non feram, non patiar, non sinam. cum proximis comitiis consularibus me consulem in campo et competitores tuos interficere voluisti, compressi conatus tuos nefarios amicorum praesidio. nunc iam aperte rem publicam universam petis, templa deorum immortalium, tecta urbis, vitam omnium civium, Italiam totam ad exitium et vastitatem vocas. quid est, Catilina? num dubitas id me imperante facere quod iam tua sponte faciebas? exire ex urbe iubet consul hostem.

7 *What reason can you have for staying? We all know your criminal attempts.*

quid est enim, Catilina, quod te iam in hac urbe delectare possit? in qua nemo est extra istam coniurationem perditorum hominum qui te non metuat, nemo qui non oderit. praetermitto ruinas fortunarum tuarum;

orbis terrae – 'in the world'; lit. 'of the circle of the earth'. Notice the position of **orbis terrae** inside the **in hoc . . . consilio** phrase; cf. **de huius urbis exitio** below and in Section 2 above.

de nostro omnium interitu – 'about the destruction of us all', i.e. 'to destroy us all'.

qui . . . cogitent – note the subj.

quos relinqueres, quos educeres – **qui** final: relat. + subj. expresses purpose; cf. **reperti sunt qui pollicerentur** below. Study the uses of **qui** + subj. in this section.

haec ego omnia – notice the order; cf. **hos ego consul video** above. Pronouns are commonly brought together in a Latin sentence.

munivi atque firmavi – two verbs of similar meaning are often used together in Latin; cf. **oro atque obsecro** = 'I earnestly beseech (beg)'.

salutatum – the supine expresses purpose after verbs of motion; 'to greet me'. **salutatio** was a practice which grew up in Rome whereby friends, clients and hangers-on went to the house of an important person to pay a morning greeting.

aliquando – 'now at last'.

si minus – 'if not all'.

quam plurimos – 'as many as possible'; cf. **quam celerrime.**

magno me metu liberaveris – **metu** is abl. of separation, 'you will have freed me from great fear'; notice the fut. perf. tense for the completed future action.

modo (or **dum** or **dummodo**) + subj. = 'provided that'.

non feram, non patiar, non sinam – the use of the three verbs produces a climax.

proximis comitiis consularibus – 'at the last elections for consuls'; these were held in the Campus Martius **(in campo).**

cum . . . voluisti – **cum** + indic. = 'when', even in past time.

conatus – acc. pl.

dubitas – **dubitare** + pres. infin. = 'to hesitate'.

faciebas – 'you were planning to do', i.e. to leave Rome.

exire ex urbe iubet consul hostem – notice the telling effect of the succession of short words and the emphatic order; the words are rapped out by the speaker.

quod . . . delectare possit – Cicero again uses the relat. + subj. Meaning of **quod**?

qui te non metuat, nemo qui non oderit – **qui non** (or **quin)** + subj. after **nemo est,** 'there is no one who does not . . .'.

ruinas fortunarum tuarum – 'your ruined fortunes'.

ad illa venio quae ad summam rem publicam atque ad omnium nostrum vitam salutemque pertinent. potestne tibi haec lux, Catilina, aut huius caeli spiritus esse iucundus, cum nemo sit qui nesciat te pridie Kalendas Ianuarias Lepido et Tullo consulibus stetisse in comitio cum telo, manum paravisse consulum et principum civitatis interficiendorum causa? quotiens tu me designatum, quotiens vero consulem interficere conatus es? nihil agis, nihil adsequeris, neque tamen conari ac velle desistis.

8 *You have no support left in the senate. Your country hates you and appeals to you to leave.*

venisti paulo ante in senatum. quis te ex hac frequentia, tot ex tuis amicis et necessariis salutavit? adventu tuo ista subsellia vacuefacta sunt; omnes consulares, qui tibi persaepe ad caedem constituti fuerunt, simul atque adsedisti, partem istam subselliorum nudam atque inanem reliquerunt. si mehercule servi mei me ita metuerent, ut te metuunt omnes cives tui, domum meam relinquendam putarem. si te parentes timerent atque odissent tui, neque eos ratione ulla placare posses, ab eorum oculis concederes. nunc te patria, quae est communis parens omnium nostrum, odit ac metuit; huius tu neque auctoritatem vereberis nec vim pertimesces? patria tua tecum, Catilina, sic agit et tacita loquitur: 'nullum iam aliquot annis facinus exstitit nisi per te, nullum flagitium sine te; tu non solum ad neglegendas leges, verum etiam ad evertendas valuisti. quamobrem, discede atque hunc mihi timorem eripe.' si haec tecum patria loquatur, nonne impetrare debeat, etiam si vim adhibere non possit?

9 *My country also appeals to me.*

si mecum patria, quae mihi vita mea multo est carior, si cuncta Italia, si omnis res publica loquatur: 'M. Tulli, quid agis? tune eum quem esse hostem comperisti, quem ducem belli futurum vides, exire patiere? nonne hunc in vincula duci, non ad mortem rapi, non summo supplicio mactari imperabis? quid tandem te impedit? mosne maiorum? at persaepe etiam privati in hac re publica perniciosos cives multarunt.

ad summam rem publicam – 'the highest interests of the state'.
pridie Kalendas Ianuarias – 'the day before the 1st of January'.
Lepido et Tullo consulibus – Lepidus and Tullus were consuls in 65 B.C.
manum – 'a band of men', 'a force'.
consulum et principum civitatis interficiendorum causa – the gen. of the verbal adj. + **causa** expresses purpose, like **ad** + acc. of verbal adj.
designatum – between the consular elections in August and 1st January (when the consuls took up office) the successful candidates were **consules designati.**
nihil agis . . . velle desistis – Catiline is getting nowhere in his attempts, but he will not give up trying.

ex hac frequentia – 'out of this crowded meeting (of the senate)'.
consulares – men of consular rank, ex-consuls.
tibi constituti fuerunt – **tibi** is dat. of agent.
si servi mei . . . – a closely reasoned argument. Cicero says that if his own slaves feared him, as all fear Catiline, he would (think he ought to) leave; if Catiline's parents hated him, he would leave; now that his native land loathes him, he surely must go.
iam aliquot annis – 'for several years now'.
hunc mihi timorem eripe – **mihi** is dat. of person concerned, 'remove this fear from me'.
vim adhibere – 'to apply force'.

si mecum patria . . . – Cicero, who has called his country the 'common parent of us all' (Section 8), now puts words into her mouth.
patiere – (or **patieris**) 2nd pers. sing. of fut. indic. of **patior.**
duci . . . rapi . . . mactari – pres. inf. passives after **imperabis,** as is usual.
tandem – often used in questions expressing impatience, 'what on earth?'
mosne maiorum – supply **te impedit?**
persaepe – note the early position for emphasis and the stronger compound instead of the more usual **saepe.**

an leges quae de civium Romanorum supplicio rogatae sunt? at numquam in hac urbe qui a re publica defecerunt iura civium tenuerunt. an invidiam posteritatis times? praeclaram vero populo Romano gratiam refers, qui te ad summum imperium per omnes honorum gradus extulit, si propter invidiam aut alicuius periculi metum salutem civium omnium neglegis. an, cum bello vastabitur Italia, vexabuntur urbes, tecta ardebunt, tum existimas te non invidiae incendio conflagraturum?'

10 *My answer is that the removal of Catiline alone is not enough.*

his ego sanctissimis rei publicae vocibus pauca respondebo. ego, si hoc optimum factu iudicarem, patres conscripti, Catilinam morte multari, unius horae usuram ad vivendum non dedissem. quod si se eiecerit secumque suos eduxerit et eodem ceteros undique conlectos naufragos adgregarit, exstinguetur atque delebitur non modo haec rei publicae pestis, verum etiam stirps ac semen malorum omnium. si iste unus tolletur, videmur fortasse ad breve quoddam tempus cura et metu esse relevati, periculum autem residebit penitus in venis atque in visceribus rei publicae. ut saepe homines aegri morbo gravi, cum aestu febrique iactantur, si aquam gelidam biberunt, primo relevari videntur, deinde multo gravius vehementiusque adflictantur, sic hic morbus qui est in re publica relevatus istius poena vehementius reliquis vivis ingravescet.

11 *Therefore we must separate Catiline's supporters from the loyal citizens, so that Catiline has to face a united front.*

qua re secedant improbi, secernant se a bonis, unum in locum congregentur, muro denique, quod saepe iam dixi, secernantur a nobis; desinant insidiari consuli, circumstare tribunal praetoris urbani, obsidere cum gladiis curiam, faces ad inflammandam urbem comparare; sit denique inscriptum in fronte unius cuiusque quid de re publica sentiat. polliceor hoc vobis, patres conscripti, tantam in nobis consulibus fore diligentiam, tantam in vobis auctoritatem, tantam in equitibus Romanis virtutem, tantam in omnibus bonis consensionem, ut Catilinae profectione omnia patefacta, inlustrata, oppressa, vindicata esse videatis.

leges . . . rogatae sunt – **legem rogare** = 'to propose a law', 'to introduce a law'.
qui a re publica defecerunt – 'who were disloyal to the state'.
praeclaram . . . gratiam refers – this is sarcastic, 'Fine thanks you return to the Roman people'.
ad summum imperium – i.e. to the consulship.
omnes honorum gradus – the various magistracies leading to the consulship were often referred to as the **cursus honorum**.
tecta ardebunt . . . conflagraturum – notice how Cicero changes from a literal use of words (**ardebunt**) to metaphor (**invidiae incendio**) 'in a blaze of unpopularity'.

optimum factu – 'the best thing to do'. **factu** is the supine in **-u**; cf. the use of the supine in **-um, salutatum** in Section 5 above.
Catilinam morte multari – acc. and inf. after **iudicarem,** explaining what is the best thing to do.
exstinguetur atque delebitur – 'will be blotted out and destroyed'.
tolletur – 'is removed' i.e. from the state.
cura et metu – abls. of separation after **relevati,** 'relieved of care and fear'.
penitus in venis atque in visceribus rei publicae – Cicero again personifies the state as having a body; 'deep down in the veins and vitals of the state'.
ut + indic. = 'as'.
iactantur – 'toss about'.
relevatus – participle with concessive force, 'though relieved'.
reliquis vivis – abl. abs. with conditional force, 'if the rest (of his followers) remain alive'.

qua re – 'therefore'.
secedant . . . secernant . . . congregentur . . . secernantur – jussive subjunctives, 'let them go apart', etc. Notice in the verbs the force of '**se**' meaning 'apart'.
sit inscriptum – Cicero seems to be thinking of the brands put on the foreheads of slaves who ran away and were recaptured.
Catilinae profectione – 'with the departure of Catiline', either abl. of time or abl. of instrument.
omnia patefacta, inlustrata, oppressa, vindicata – note the climax, 'all his wicked acts laid bare, brought to light, crushed and punished'.

Later Prose

Later and Medieval Latin

The style of Aulus Gellius is different from that of Julius Caesar, but it is a natural development in two hundred years' use of the Latin language. These developments continued into the Medieval period, and Medieval Latin shows a wide divergence from the strict syntax of Classical Latin. Constructions became much simpler and new forms of expression became part of everyday use, particularly in colloquial use, where, for example, a *quod*-clause tended to replace an accusative and infinitive after a verb of saying. In most cases it is not difficult to understand what the author means since the usage approximates to modern English usage. For example, in English we use an infinitive to express purpose and we find no difficulty in understanding this use in Medieval Latin. We must remember that the standard of scholarship was not high and we must not expect complete consistency in the uses of the subjunctive.

The spread of Christianity was responsible for producing a great mass of Latin literature even before the publication in A.D. 405 of St Jerome's Latin translation of the Bible, known as the Vulgate. Latin became the language of scholars and men of culture throughout the Medieval world and this continued into more modern times. A vast range of literature was produced, including history, fantasy, moral and religious treatises, letters, hymns, songs and verse of all kinds. It is impossible to include in this book more than a brief selection from such a huge field.

---

12 Gellius : *Selections*

---

1 *Metellus Numidicus, censor of 102 B.C., is said to have delivered a speech on the subject of marriage.*

multis et eruditis viris audientibus, legebatur oratio Metelli Numidici, gravis et diserti viri, quam in censura dixit de ducendis uxoribus, cum populum ad matrimonia capessenda hortaretur. in ea oratione ita scriptum fuit: 'si sine uxore vitam pati possemus, Quirites, omnes ea molestia careremus; sed quoniam ita natura tradidit ut nec cum illis satis commode nec sine illis ullo modo vivi possit, saluti perpetuae potius quam brevi voluptati consulendum est.'

A Roman marriage. The bride and bridegroom clasp hands over an altar on which burns a sacred fire. This nuptial scene is on a sarcophagus.

multis . . . audientibus – abl. abs.
de ducendis uxoribus – 'about marrying a wife'.
ad matrimonia capessenda – 'to enter upon marriage'.
vitam pati – 'to get along in life'; **pati** is pres. infin. of **patior,** 'I suffer'.
ea molestia – case? Why?
tradidit ut – 'has ordained that'.
nec cum illis . . . nec sine illis – the argument seems to be that women are a necessary evil!
saluti perpetuae . . . consulendum est – **saluti** and **voluptati** are datives after the impers. gerundive; 'regard must be given to lasting well-being rather than brief pleasure'.

2 *Socrates, the famous Athenian philosopher, had a wife, Xanthippe, of ungovernable temper. He explains to Alcibiades why he put up with her at home. In the same vein, Varro gives advice on how to deal with a difficult wife.*

Xanthippe, Socratis philosophi uxor, morosa admodum fertur et iurgiosa, irarumque et molestiarum muliebrium per diem perque noctem scatebat. Alcibiades has eius intemperies miratus interrogavit Socraten quae ratio esset cur mulierem tam acerbam domo non exigeret. 'quoniam,' inquit Socrates, 'cum illam domi talem perpetior, insuesco et exerceor ut ceterorum quoque foris petulantiam et iniuriam facilius feram.' secundum hanc sententiam quoque Varro, 'vitium,' inquit, 'uxoris aut tollendum aut ferendum est. qui tollit vitium, uxorem commodiorem praestat, qui fert, se meliorem facit.' haec verba Varronis 'tollere' et 'ferre' lepide quidem composita sunt, sed 'tollere' apparet dictum pro 'corrigere'. etiam apparet Varronem censuisse vitium eiusmodi uxoris, si corrigi non possit, ferendum esse, quod ferri scilicet a viro honeste potest; vitia enim flagitiis leviora sunt.

[*Socrates was condemned to death in 399* B.C.*—on the charge of corrupting the youth and introducing subversive ideas. Alcibiades, a brilliant statesman but an enemy of the Athenian democracy, was one of his disciples. Contemporary writers such as Plato do not support this description of Xanthippe's character.*]

3 *The boy Papirius was taken by his father to a meeting of the Roman senate. In spite of his mother's insistent questions he refused to disclose the matter discussed by the senate and finally gave a false answer which caused panic among the matrons of the city. He was rewarded with the name of 'Praetextatus' for his conduct.*

historia de Papirio dicta scriptaque est a M. Catone. mos antea senatoribus Romae fuit in curiam cum praetextatis filiis introire. tum, cum in senatu res maior consultata eaque in diem posterum prolata est, placuit ne quis enuntiaret eam rem super qua tractavissent priusquam decreta esset; mater Papirii pueri, qui cum parente in curia fuerat, percontata est filium quid in senatu patres egissent. puer respondit tacendum esse neque id dici licere. mulier fit audiendi cupidior; secretum rei et silentium pueri animum eius ad inquirendum everberat; quaerit igitur compressius violentiusque. tum puer, matre urgente,

scatebat – **scatere** 2 = 'to flow', 'to teem' is used here with the genitive: 'from her came a constant stream of female tantrums and quarrels'.
Socraten – Greek acc. ending in **-en.**
quae ratio esset – introducing a second indirect question; 'what was the reason that'.
cum . . . perpetior – note the use of **cum** + indic. = 'while', 'all the time that'.
secundum – prep. + acc. = 'according to', 'following'.
Varro – Marcus Terentius Varro (116–27 B.C.), a prolific Roman writer.
composita sunt – 'were used'.
vitia enim flagitiis leviora sunt – **flagitium** is a much stronger word than **vitium;** faults are less serious than outbursts of passion.

Athens – a view of the Acropolis from the Pnyx, with the Areopagus on the extreme right.

Catone – Marcus Porcius Cato (234–149 B.C.), known as Cato the Censor, a stern moralist who wished to return to the discipline of former times.
praetextatis – 'wearing the **toga praetexta**', i.e. young.
placuit ne quis – 'it was decided that nobody'.
tractavissent and **decreta esset** – subjunctives for subordinate clauses inside the **placuit ne quis . . .** main clause.
priusquam decreta esset – i.e. before the senatorial decree on the matter was made public.
tacendum esse – the gerundive used impersonally; translate by an active, 'he had to keep silent'.
animum . . . everberat – historic pres. Note metaphor, 'excited her curiosity'.

lepidi atque festivi mendacii consilium capit. dixit actum esse in senatu utrum videretur utilius exque republica ut unus duas uxores haberet an ut una duobus nuberet. hoc illa ubi audivit, animus compavescit, domo trepidans egreditur, ad ceteras matronas perfert. venit ad senatum postridie matrum familias caterva. lacrimantes atque obsecrantes orant ut una potius duobus nuberet quam ut uni duae. senatores, ingredientes in curiam, quae illa mulierum intemperies esset et quid postularent mirabantur. puer Papirius in medium curiae progressus, quid mater audire institisset, quid ipse matri dixisset, rem sicut fuerat denarrat. senatus fidem atque ingenium pueri exosculatur, consultum facit ne posthac pueri cum patribus in curiam introeant, praeter illum unum Papirium, atque puero postea cognomen honoris gratia inditum 'Praetextatus' ob tacendi loquendique in aetate praetextae prudentiam.

4 *The governor of the province of Crete comes to Athens, accompanied by his father, to meet the philosopher Taurus. In their conversation Taurus discourses on the rules of courtesy and procedure which should be observed at home and in public by fathers and sons, when the latter are magistrates and the former private citizens.*

praeses Cretae provinciae venerat Athenas ad philosophum Taurum visendi cognoscendique eius gratia, et cum eo simul eius pater. Taurus, discipulis dimissis, sedebat pro cubiculi sui foribus et nobis adstantibus sermocinabatur. introivit provinciae praeses et cum eo pater; assurrexit placide Taurus et post mutuam salutationem resedit. allata mox una sella est, quae in promptu erat, atque, dum aliae promebantur, apposita est. invitavit Taurus patrem praesidis ut sederet. ad quae ille ait: 'sedeat hic potius qui populi Romani magistratus est.' 'tu interea sede,' inquit Taurus, 'dum inspicimus quaerimusque utrum conveniat, te potius sedere qui pater es, an filium qui magistratus est.' et cum pater assedisset appositumque esset aliud filio quoque eius sedile, verba super ea re Taurus facit. eorum verborum sententia haec fuit: in publicis locis atque muneribus iura patrum, cum potestatibus filiorum qui in magistratu sunt collata, interquiescere paululum; sed cum extra rempublicam in domestica re atque vita sedeatur, ambuletur, in convivio quoque familiari discumbatur, tum inter filium magistratum et patrem privatum publicos honores cessare, naturales et genuinos exoriri.

lepidi atque festivi mendacii consilium – lit. 'a plan consisting of a smart and clever lie'.
utrum videretur . . . nuberet – 'whether it seemed more beneficial and in the interests of the state that . . .'. The meaning is – should one man have two wives or one woman two husbands? Note the phrase **ex republica** 'in the interests of the state'.
animus compavescit – 'she panicked'.
matrum familias – 'of matrons'; note the old form of the gen. sing.; cf. **paterfamilias.**
uni duae – supply **nuberent,** 'that two women should have one husband'.
sicut fuerat – 'just as it had been', i.e. as it had actually taken place.
consultum facit – 'passed a decree'; the terms of the decree are given in the **ne. . . . introeant** clause.
praeter – prep. + acc. = 'except for'.
inditum – the main verb, supply **est,** 'was given'.
in aetate praetextae – 'while he was still a youth' (wearing the **toga praetexta**).
prudentiam governed by the prep. **ob.**

cognoscendi eius gratia – 'to make his acquaintance'; **gratia** = **causa** 'for the sake of' and is used with the gen. of the gerundive here.
cubiculi – 'apartment'.
nobis – i.e. the writer and his friends.
dum . . . promebantur – note the tense; the present would perhaps have been more usual.
conveniat – followed by two acc. and infin. clauses, 'whether it is right that you should sit . . . or (whether it is right) that your son . . .'.
sententia – 'tenor', 'substance'.
in publicis locis atque muneribus – i.e. at official functions.
iura . . . interquiescere – acc. and infin. governed by **haec sententia fuit** above, 'that the rights take second place'.
collata – agreeing with **iura,** 'compared with'.
cum sedeatur . . . ambuletur . . . discumbatur – note the impers. pass. use of the three verbs, 'when men take their seats, walk about or recline'. The subj. is used because the subordinate clauses are inside an indirect statement.
cessare – 'give way', contrasted with **exoriri,** 'assume greater importance'.

5 *Fabricius Luscinus supports Rufinus as a candidate for the consulship, although he loathes him on account of his immorality.*

Fabricius Luscinus magna gloria vir magnisque rebus gestis fuit. P. Cornelius Rufinus manu quidem strenuus et bellator bonus militarisque disciplinae peritus admodum fuit, sed furax homo et avaritia acri erat. hunc Fabricius non probabat neque amico utebatur oderatque eum morum causa. sed cum in temporibus rei publicae difficillimis consules creandi essent et is Rufinus consulatum peteret, competitoresque eius essent imbelles quidam et futiles, summa ope adnixus est Fabricius ut Rufino consulatus deferretur. eam rem plerisque admirantibus, quod hominem avarum cui esset inimicissimus creari consulem vellet, 'malo,' inquit, 'civis me compilet quam hostis vendat.'

6 *Bucephalus, the horse of Alexander the Great.*

equus Alexandri regis Bucephalus fuit. super hoc equo dignum memoria videtur quod, ubi ornatus erat armatusque ad proelium, haud umquam passus sit se inscendi ab alio nisi ab rege. cum Alexander in eo insidens bello Indico et facinora fortia faciens in hostium cuneum non satis sibi providens invasisset, coniectis undique telis, equus vulneribus altis in cervice atque in latere perfossus est. moribundus tamen ac prope exsanguis e mediis hostibus regem vivacissimo cursu rettulit atque, ubi eum extra tela extulerat, ilico concidit et, domini iam superstitis securus, animam exspiravit. tum rex Alexander, parta eius belli victoria, oppidum in isdem locis condidit idque ob equi honores 'Bucephalon' appellavit.

magna gloria . . . magnisque rebus gestis – abl. of description; cf. **avaritia acri** below.
amico utebatur – 'treated as a friend'.
morum causa – 'because of his character'; **causa** (abl.) = 'by reason of'.
temporibus – **tempora** is often used in the sense of 'times of crisis'.
consulatum peteret – **petere** is the technical term for 'to stand as a candidate for'; cf. **competitor** = 'rival', 'fellow candidate'.
quod . . . vellet – **quod** + subj. expressing the reason they gave for their surprise – really a subordinate clause in indirect speech.
compilet . . . vendat – both subjunctives are governed by **malo;** 'I prefer that a fellow citizen should . . . rather than that . . .'.

dignum memoria – 'worth recording', followed by **quod** + subj. (**passus sit**).
in hostium cuneum – **cuneus** is a military term meaning a wedge-shaped formation of men.
ubi . . . extulerat – note that Gellius uses the pluperf. indic. with **ubi.**
domini iam superstitis securus – 'relieved that his master was now safe'; **securus** is used with the gen. = 'with no fears for'.
parta – from **pario** = 'I produce', 'I win'.
ob equi honores – 'in honour of his horse'.

13 Gesta Romanorum: *Selections*

The 'Gesta Romanorum', *a collection of entertaining moral tales, became one of the most popular story books in the Middle Ages. The tales are said to have been invented by monks and commonly used in sermons. Oriental and classical fables, romantically embroidered, form the basis of the 'Gesta', which exercised a great influence on English poetry; Chaucer was indebted to them and they were popular in the reign of Elizabeth. The authorship of the 'Gesta' is disputed; tales which provided entertainment for hundreds of years were probably collected by different authors at the end of the thirteenth century.*

1 *The Girl and the Captive Youth. A shrewd young lady contrives to get herself a husband.*

rex quidam regnavit, in cuius imperio erat quidam iuvenis a piratis captus, qui scripsit patri suo pro redemptione. pater noluit eum redimere et iuvenis diu in carcere erat maceratus. ille, qui eum in vinculis habebat, quandam pulchram filiam ac oculis hominum gratiosam habebat, quae saepius incarceratum visitatum ivit ac consolabatur. sed ille nullam consolationem recipere poterat, sed suspiria et gemitus continue emittebat. quodam die, cum puella eum visitaret, ait iuvenis ei: 'o bona puella, utinam velles pro mea liberatione laborare!' quae ait: 'quomodo potero hoc attentare? pater tuus, qui te genuit, non vult te redimere; ego vero, cum sim tibi extranea, quomodo deberem hoc cogitare? et si te liberarem, offensionem patris mei incurrerem, quia tuam redemptionem perderet pater meus. verum mihi unum concede et liberabo te.' ait ille: 'o bona puella, pete a me quid tibi placuerit. si mihi est possibile, ego concedam.' ait illa: 'nihil aliud peto pro tua redemptione, nisi quod me in uxorem ducas tempore opportuno.' qui ait: 'hoc tibi firmiter promitto.'

A medieval monk in a scriptorium. Some monks devoted much of their time to copying texts.

pro redemptione – lit. 'for the sake of ransom', i.e. 'to ask him to ransom him'.

ille qui eum in vinculis habebat – 'his captor'.

incarceratum – agreeing with **eum** (the youth) understood.

visitatum – 'to visit'; the supine in **-um** expressing purpose after a verb of motion.

utinam velles . . . laborare – 'would that you were willing to work [i.e. to make efforts]'. **utinam** + subj. to express a wish; in Medieval Latin there is no clear distinction between pres. and imperf.

quomodo deberem – 'how should I . . .?' Notice the use of the imperf. subj. where Classical Latin would use the pres.; cf. **liberarem** and **incurrerem** below.

tuam redemptionem – 'the money paid for your ransom'.

verum – 'but'.

nihil aliud nisi quod – lit. 'nothing else except that . . .', i.e. 'all I ask is that . . .'.

in uxorem ducas = **in matrimonium ducas.** cf. the biblical 'to take to wife'.

The youth and the girl flee to the house of his father, where an awkward interview takes place. The father criticises the girl's conduct.

statim puella patre ignorante ipsum a vinculis liberavit et cum eo ad patriam suam fugit. cum vero ad patrem suum venisset, ait ei pater: 'o fili, de tuo adventu gaudeo. sed dic mihi, qualis est ista puella quam tecum duxisti?' ait ille: 'filia regis est, quam uxorem habeo.' ait pater: 'sub poena amissionis hereditatis tuae nolo ut eam in matrimonium ducas.' ait ille: 'o pater, quid dicis? plus ei teneor quam tibi. quando captus eram, tibi pro mea redemptione scripsi, et noluisti me redimere. ipsa vero non tantum a carcere, sed a periculo mortis me liberavit; ideo eam in matrimonium ducere volo.' ait pater: 'patrem proprium decepit, quando ipso ignorante te a carcere liberavit. pro qua liberatione pater eius multa perdidit, quae pro tua redemptione habuisset. item alia ratio est. ista te liberavit causa libidinis, ut posset te virum habere.'

puella audiens istas rationes ait: 'ad primam respondeo, quando dicis quod ego decepi patrem meum, quod non est verum. ille decipitur qui in aliquo bono deminuitur. sed pater meus est tam locuples ut alicuius auxilio non indigeat. si pater meus pro eo redemptionem accepisset, non multum hoc ditior fuisset, et tu per redemptionem depauperatus esses. ergo in isto actu te salvavi, quod redemptionem non dedisti, et patri meo nullam iniuriam feci. ad aliam rationem, quando dicis quod ego ex libidine hoc feci, respondeo: hoc nullo modo potest fieri, quia libido est aut propter pulchritudinem, aut propter divitias, aut propter fortitudinem. sed filius tuus nullum istorum habuit, quia pulchritudo eius per carcerem erat annihilata nec dives fuit, quia non habuit unde se ipsum redimeret; nec fortis, quia fortitudinem perdidit per carceris macerationem. ergo sola pietas me movebat, quod ipsum liberavi.' pater hoc audiens non potuit filium arguere ulterius. filius ergo cum magna solemnitate eam in matrimonium duxit et in pace vitam finivit.

2 *Androcles and the Lion.*

quidam miles erat qui super omnia venari dilexit. uno die ad venandum perrexit. occurrit leo claudicans et pedem militi ostendit. miles vero de equo descendit et spinam acutam de eius pede extraxit et unguentum vulneri apposuit et sanatus est leo. post hoc vero rex illius regni in eodem nemore casu venabatur et illum leonem cepit et multos annos

patre ignorante – abl. abs. 'without her father's knowledge'.
ad patriam suam – 'to his (the youth's) country'. Later writers are not as strict as Classical writers in the use of **suus**.
quam uxorem habeo – 'whom I am bringing as my wife'; he has not married her yet.
plus ei teneor – 'I am more indebted to her than to you'; **plus** adv., **ei** dat. of the person concerned or interested.
non tantum . . . sed – **quoque** is usually found in the second part of this combination.
patrem proprium – 'her own father'.
pro qua liberatione – **pro** = 'because of'; 'because you were set free'; cf. **pro tua redemptione** below = 'in return for your ransom'.
habuisset – 'he would have had'.
item alia ratio est – 'also there is a further point or argument (**ratio**)'.
causa libidinis – for the more usual **libidinis causa,** 'because of passion'.
audiens – pres. part. is used loosely in later Latin; Classical Latin would require **'istis rationibus auditis'**.
dicis quod ego decepi patrem meum – **dicis quod** + indic. is late Latin for the Classical acc. and infin.
quod non est verum – in apposition, 'a thing that is not true'.
qui in aliquo bono deminuitur – difficult to translate, 'who loses some advantage'.
auxilio indigeat – **auxilio** is abl. after **indigere** = 'to need'.
hoc – 'by this', i.e. by receiving the ransom money.
quando dicis quod – cf. **dicis quod** above.
libido est propter pulchritudinem . . . – the argument is open to criticism, but it seems to have convinced the young man's father.
non habuit unde . . . – 'he did not have the means to . . .'.
quod ipsum liberavi – **quod** is used loosely here, 'in that I set him free', almost 'when I set him free'.

dilexit – **diligere** here used with infin. = 'to love to . . .'.
ostendit – 'held up'.

secum nutrivit. miles ille, cum regem offendisset, ad silvas fugit, omnes transeuntes spoliavit et occidit. rex vero illum cepit et iussit eum leoni dari ad devorandum. miles vero, cum in foveam esset proiectus, multum timuit exspectans horam quando devoraretur. leo vero eum intime respexit et cum notitiam eius haberet, septem dies sine cibo remansit. rex vero, cum hoc audisset, admirabatur, fecit militem de fovea extrahi et ei ait: 'dic mihi, o carissime, quomodo hoc potuit esse, quod leo tibi non nocuit?' qui ait: 'domine, casu per silvam equitavi, leo claudicans mihi occurrebat, ego vero spinam de pede eius extraxi et vulnus sanavi; et ideo, ut credo, mihi parcit.' ait rex: 'quod leo non nocuit tibi, ego tibi parcam, dummodo studeas vitam tuam corrigere.' ille vero gratias regi reddidit et post hoc in omnibus est emendatus et finivit vitam suam in pace.

3 *The father of the princess Rosimunda, renowned for her fleetness of foot, offers her as a wife to any man who can defeat her in a race.*

quidam rex erat qui filiam unicam pulchram et gratiosam nomine Rosimundam habebat. puella ista, cum ad aetatem denam pervenisset, erat tam habilis in currendo ut ad terminum pervenerit, antequam aliquis eam tangere posset. rex per totum regnum proclamari fecerat, quod quicumque cum filia sua volebat currere et ad finem termini ante eam perveniret, ipsam in uxorem haberet et totum regnum post eius decessum; si vero aliquis hoc attemptaret et de cursu deficeret, caput amitteret. facta proclamatione, quasi infiniti se obtulerunt cum ea currere, et quotquot cum ea currebant, omnes deficiebant et capita amiserunt.

erat tunc quidam in civitate pauper nomine Adibas, qui intra se cogitabat: 'pauper ego sum et de vili sanguine productus. si per aliquam vim possem istam puellam devincere, non solum ego promotus essem, sed omnes de meo sanguine.' providebat sibi sertum rosarum, quia illa puellae appetunt, secundo zonam sericam, quam puellae libenter optant, tertio loculum sericum et intra loculum pila quaedam erat aurata, super pilam descriptio talis: 'qui mecum ludit numquam de ludo satiabitur.' haec tria ipse in sinu suo posuit et ad palatium perrexit et pulsavit. adest ianitor et causam pulsationis petebat. qui ait: 'paratus sum cum puella currere.'

secum – 'at home', i.e. 'in his palace'.
quando devoraretur – 'when he would be devoured'.
respexit – 'looked at', 'observed'.
fecit militem extrahi – 'he had the soldier dragged out'; the acc. and infin. is used for the classical **'ut extraheretur'**.
quod leo tibi non nocuit – the **quod** clause explains the preceding words.
vitam tuam corrigere – 'to mend your ways'.
gratias regi reddidit – 'he gave thanks to the king'; **reddere** in place of the more usual **agere**.
in omnibus – **omnibus** is neuter, 'in all things'.

unicam – 'an only daughter'.
ista = **ea, illa** or **haec.** In later Latin **iste** is used loosely as a demonstr.
denam – a rare adj. = 'tenth', i.e. she was ten years old.
proclamari fecerat – 'had caused a proclamation to be made'; for the Classical **effecerat ut** + subj.
quod . . . caput amitteret – the **quod** clause gives the wording of the proclamation. Notice the syntax; the change from the indic. **volebat** to the subj. **perveniret** is understandable – 'whoever wanted to . . .' and 'whoever should reach'.
quasi – 'almost'.
cum ea currere – infin. after **se obtulerunt,** 'they offered to run'.
de vili sanguine – 'of humble birth'.
vim – here = 'chance' or 'way'; there is no suggestion of violence.
promotus essem – his position would be enhanced if he married a king's daughter.
loculum – from the dimin. **loculus,** 'a little purse'.
descriptio talis – 'the following inscription'.
haec tria – i.e. **sertum, zona, loculus.**
in sinu suo posuit – it is difficult to imagine how he carried them; **in sinu** might mean 'in a *fold*' of his dress.
pulsavit – supply **ianuam,** 'he knocked on the door'.

Rosimunda despises him as a challenger, but in the race she is delayed by the garland.

illa, cum hoc audisset, quandam fenestram aperuit, et, cum vidisset, in corde suo despexit et ait: 'ecce quam reprobus est cum quo currere debeo!' tamen non poterat contradicere et ad currendum se paravit. cito puella ad magnam partem ante eum cucurrit. Adibas, cum hoc vidisset, sertum rosarum ante eum proiecit; viso serto, puella se inclinavit et sertum levavit et in capite posuit. tantum in serto delectabatur ut Adibas ante eam cucurrerit. puella cum hoc vidisset ait in corde suo: 'numquam filia patris mei tali nubere debet!' statim sertum proiecit in quandam foveam profundam et post eum cucurrit et apprehendit. quem cum apprehendisset, alapam dedit ei dicens: 'siste gradum, miser, non decet ut filius patris tui me in uxorem ducat.' statim ante eum cucurrit.

Adibas, cum hoc vidisset, ante eam zonam sericam proiecit. quam cum vidisset, se inclinavit et eam levavit; se succinxit et tantum in ea delectabatur ut Adibas iterum longe ante eam cucurrerit. puella cum hoc vidisset, flevit amare et zonam in tres partes fregit et post eum cucurrit et apprehendit. quem cum apprehendisset, manum levavit et ei alapam dedit dicens: 'o miser, me in uxorem non habebis.' statim ante eum longe cucurrit. Adibas, cum hoc vidisset, exspectabat dum ipsa prope finem esset. hoc facto, loculum sericum ante eam proiecit. viso loculo, se inclinavit et loculum levavit; aperuit pilam auratam, intus invenit superscriptionem, legit: 'qui mecum ludit numquam ludo satiabitur.' tamdiu cum pila lusit ut Adibas citius ad finem pervenerit et eam in uxorem obtinuerit.

cum hoc audisset (audivisset) – Rosimunda had been listening.
cum quo currere debeo – 'against whom I have to run'.
ad magnam partem – 'a long way'.
alapam – **alapa -ae** *f.* 'a blow', 'a box on the ear'.
filius patris tui – note the echo of **filia patris mei** above. Simply told stories of this sort depend a great deal on repetition for their effectiveness.
se succinxit – 'she put it (the girdle) on'.
amare – adv. from **amarus -a -um** = 'bitter'.
fregit – in anger she tore the girdle into pieces.
me in uxorem non habebis – the **non** is emphatic, 'you will *not* marry me'.
hoc facto – a rather vague abl. abs.; 'when she was near the finishing post'.

14 Buchanan: *The Buchanan Monument*

George Buchanan (1506–1582) was born and educated in Scotland, but spent most of his middle-life in France as a scholar and teacher. He returned to Scotland in Mary's reign and became classical tutor to the queen. As historian, playwright and poet his work in Latin is well known. He was an interesting and controversial character, a scholar with a wide reputation in Europe, but an unscrupulous politician who attacked Mary in pamphlets in the Scots vernacular, yet wrote odes in her honour in Latin.

The inscription on the Buchanan Monument at Killearn (Stirlingshire).

MEMORIAE AETERNAE
GEORGII BUCHANANI
VIRI
INTER FORTES FORTIS
INTER DOCTOS DOCTI
INTER SAPIENTES SAPIENTISSIMI
QUI TENAX PROPOSITI
IMPIORUM SACERDOTUM MINAS RIDENS
TYRANNORUM SAEVORUM MINAS SPERNENS
PURUM NUMINIS CULTUM
ATQUE
IURA HUMANI GENERIS
A PESSIMA SUPERSTITIONE ATQUE AB INFIMA SERVITUTE
IMPERTERRITUS VINDICAVIT
HOC MONUMENTUM
DOMUM PATERNAM ET NATALIA RURA PROSPECTANS
SUMPTIBUS ET PIETATE POPULARIUM
OLIM EXSTRUCTUM
AETAS POSTERA
REFICIENDUM CURAVIT
ANNO CHRISTI D.N.
MDCCCL

This is not a contemporary monument to Buchanan, but a replacement put up in 1850. The inscription exaggerates Buchanan's virtues and ignores his failings. As is usual in epitaphs, it is all in one sentence. The subject (**aetas postera**) and main verb (**curavit**) come at the end; the object (**hoc monumentum**) in the middle and the dative (**memoriae aeternae** – 'to the everlasting memory of') at the beginning.

15 Buchanan: *Selections from the History of Scotland*

The following episodes tell the story of Macbeth, who became king of the Scots after murdering King Duncan I in 1040. It is interesting to compare this version of the story with that given in Shakespeare's Macbeth.

1 *The character of Macbeth; given command by King Duncan, he puts down an uprising with great severity.*

erat Macbethus acri ingenio, animo prorsus excelso atque magnarum rerum cupido; cui si moderatio accessisset, quamvis magno imperio dignus erat. decretum ei a rege imperium adeo multos terruit ut, abiecta spe quam de regis ignavia conceperant, alii alio latebras petentes aufugerent. insulani atque Hiberni interclusa fuga in extremam desperationem acti fortiter pugnando ad unum prope interiere. Macdualdus cum paucis in turrim propinquam inclusus, omni spe veniae destitutus se suosque voluntaria morte ab hostium ludibrio exemit. Macbethus ea poena non contentus abscissum caput Bertham ad regem mittit; corpus truncum in loco conspicuo suspendit. quos insulanorum cepit carnifici strangulandos dedit.

2 *Sueno, king of Norway, invades Scotland. After a Scottish defeat at Culross, King Duncan is besieged in Perth.*

domestica seditione pacata, terror Danicus maiorem longe sollicitudinem attulit. Sueno rex Norwegiae magna cum clade in Fifam traiecit. ad rumorem eius adventus Macbethus ad delectum missus est, Banchone, qui interim rei militari praesset, cum rege relicto.

The tombs of the Scottish kings on the island of Iona. Macbeth was buried here, but it is not known which stone marks his grave.

acri ingenio – abl. of description, 'of keen intelligence'.
cupido – adj. agreeing with **animo** and governing gen. **magnarum rerum,** 'high position'.
cui si moderatio accessisset. Notice the order of **cui si . . .,** lit. 'had been added to him': **cui** is dat. after **accessisset;** i.e. if besides his other qualities, Macbeth had possessed moderation.
quamvis magno – 'however great', 'the greatest possible'.
erat – notice the use of the indic. instead of the more usual (Classical) subj.
insulani – 'the men of the Isles', i.e. from the West; **Hiberni,** 'the Irish'.
Macdualdus – Macdonald of the Isles.
voluntaria morte – 'by suicide'.
Bertham – Perth.

domestica seditione pacata – abl. abs. Examine carefully the other ablatives absolute in this section; Buchanan uses them very frequently.
terror Danicus – 'terror caused by the Danes'. Buchanan makes no clear distinction between Danes and Norwegians.
magna cum clade – 'with great slaughter', i.e. causing great slaughter.
ad delectum missus est – Macbeth was sent to raise troops.
Banchone – Banquo, familiar from Shakespeare.

Duncanus, velut ex ignavia excitatus esset, hosti obviam ire coactus est. prope Culrossiam pugnatum est. Scoti, qui iniquitate loci magis quam virtute superati sibi videbantur, postquam Bertham venerunt; ibi cum reliquiis victi exercitus consederunt. Sueno, ratus totam Scotiam brevi suae dicionis fore, si paulum instaret, cum omnibus copiis ad Duncanum obsidendum contendit, classe circum missa, ut per Taum amnem eodem appelleret. Duncanus, etsi praesentibus rebus satis confideret, adveniente ac iam propinquo cum novis subsidiis Macbetho, tamen subiciente Banchone dimittit nuntios, alium ad Macbethum ut subsisteret, alium ad Suenonem qui de deditione ageret. Scotus petebat ut urbe dedita sibi cum suis incolumibus abire liceret. Sueno, ratus eam deditionem ab ultima desperatione profectam, nihil nisi omnibus sibi concessis audiebat.

3 *Other messengers supply Sueno's forces with tainted food and wine.*

missi sunt alii nuntii qui in scribendis condicionibus tempus tererent. hi, ut ampliorem beneficentiae speciem adiicerent, affirmant regem eas res, quarum non magnam copiam apud Norwegos intellegeret esse, affatim in castra missurum. missa magna vis panis et vini, tum e vite, tum ex ordeo confecti, ac suco infecti herbae cuiusdam veneficae, cuius magna copia passim in Scotia nascitur; vulgo solanum somniferum vocant. hac herba cum omnia infecta essent, qui commeatus in castra vehebant, ne qua doli subesset suspicio, praegustabant, Danosque magnis poculis invitabant ad bibendum. idem quoque Sueno ipse benevolentiae significandae causa, ut illis nationibus mos est, faciebat.

4 *The trick is successful and the enemy camp is overwhelmed.*

Duncanus (qui sciret futurum ut vis potionis cum somno visceribus conciperetur) iam Macbethum cum suis per aversam ab hoste portam summo silentio in urbem receperat; compertoque per exploratores hostes somno et vino graves iacere, Banchonem, itinerum aditusque in castra gnarum, ceteris in insidiis collocatis, cum parte maiore exercitus mittit. is ingressus castra, magno clamore sublato, omnia neglegentiora opinione sua invenit. pauci tumultu excitati, cum velut amentes

Culrossiam – Culross, a small town on the Firth of Forth.
suae dicionis – 'in his power'.
per Taum – the river Tay.
ut eodem appelleret – 'to land at the same place'.
subiciente Banchone – 'at Banquo's suggestion'.
profectam – supply **esse,** 'had proceeded', i.e. 'was the result of'.
nihil nisi . . . audiebat – Sueno refused to hear any plea without an unconditional surrender.

ut ampliorem – notice the use of **ut** instead of the **quo** demanded by Classical Latin when a purpose clause contains a comparative.
regem – Duncan.
magna vis – 'a great supply', 'a great amount'.
tum . . . tum . . . – for **cum . . . tum . . .,** 'both . . . and . . .'.
confecti – agreeing with **vini,** 'made from grapes and barley'.
infecti – also agreeing with **vini,** 'tainted' or 'poisoned'.
solanum somniferum – 'deadly nightshade'.
praegustabant – 'tasted first'.
magnis poculis – 'by offering them large goblets'.

qui sciret – notice the subj., probably causal, 'because he knew'.
futurum ut – (or **fore ut**). Notice this way of expressing a fut. infin. pass.; 'because he knew that the force of the drink would be felt'.
comperto – an example of an impers. abl. abs., 'when he had found out'.
itinerum aditusque – genitives after **gnarum;** Banquo knew the roads and approaches to the camp.
opinione sua – abl. of comparison; 'than he expected'.

temere discurrerent, ab obviis caeduntur. reliquis fere mors cum somno continuata est. rex per temulentiam velut mortuus a paucis correptus qui minus vinolenti erant, cum non modo viribus sed etiam sensu careret, instar oneris in iumentum forte oblatum iniectus ad naves est delatus.

5 *The final and utter defeat of the invading forces.*

nihilo ibi quam in castris melior status rerum fuit. nautis enim prope omnibus in terra caesis, vix qui unam navem regerent collecti; eorum opera rex domum reportatus est. Scotis post hanc victoriam sine sanguine partam in laetitiam conversis affertur classem Danicam ad Kingornam stare subsidio Suenoni a Canuto missam; vectores in terram expositos ferre, agere, nullo resistente, bona Fifanorum. adversus eos Bancho cum copiis missus, primos adortus magna strage concidit. hi fere primores gentis erant; reliqui facile ad naves compulsi. Bancho magna pecunia caesorum sepulturam vendidisse dicitur, quorum sepulchra aiunt adhuc in Aemona insula ostendi. ferunt Danos, expeditionibus in Scotiam toties male temptatis, iure iurando sanxisse se numquam hostiliter eo redituros.

6 *Macbeth's dream, in which the three witches encourage his desire for the throne; goaded on by his wife, he plots against the king.*

cum in Scotia rebus domi forisque prospere succedentibus omnia pace florerent, Macbethus, qui, consobrini ignavia semper spreta, regni spem occultam in animo alebat, creditur somnio quodam ad eam confirmatus. quadam enim nocte cum longiusculo abesset a rege, visus est sibi tres feminas forma augustiore quam humana vidisse; quarum una Angusiae Thanum, altera Moraviae, tertia regem eum salutasset. hoc somnio animus, cupiditate et spe aeger, vehementer incitatus omnes vias regnum adipiscendi secum volvebat, cum non iniusta, ut ipsi videbatur, oblata est occasio. Duncanus duos filios genuerat, Milcolumbum et Donaldum. ex eis Milcolumbum vixdum puberem Cumbriae praefecit. id factum eius Macbethus molestius quam credi poterat tulit. animus etiam per se ferox prope cotidianis conviciis uxoris (quae omnium consiliorum ei erat conscia) stimulabatur.

ab obviis – 'by those whom they met'..
mors cum somno continuata est – 'they were killed as they slept'.
rex . . . correptus, cum . . . careret, instar oneris . . . iniectus . . . est delatus – follow the structure of this sentence carefully.
per temulentiam – 'in a drunken stupor'.
viribus . . . sensu – abls. after **careret; sensus** = 'consciousness'.
instar oneris – 'like a lifeless bundle'; **instar** is an indeclinable noun, used in comparisons; lit. 'the likeness of'.

ibi – 'on the ships'.
Scotis – dat. after **affertur; affertur** – impers., 'news was brought'.
ad Kingornam stare – 'were at anchor off Kinghorn', on the coast of Fife.
a Canuto – Sueno's brother Canute, king of England and Denmark.
vectores – lit. 'passengers', i.e. the soldiers on board the ships.
ferre, agere – infinitives depending on **affertur** above, 'were pillaging and plundering'.
magna pecunia – abl. of price; the privilege of burying the dead had to be paid for.
adhuc . . . ostendi – 'can still be seen'. **Aemona** is an unidentified island in the Firth of Forth.
ferunt – 'men say', 'they say'.

domi forisque – 'at home and abroad'. **foris,** adv., lit. 'out of doors'.
creditur – Macbeth is the subject; along with **ad eam (spem) confirmatus** = 'Macbeth is believed to have been emboldened towards achieving that hope'.
longiusculo – notice the dimin. form of the word.
forma augustiore quam humana – abls. of description.
Thanum – the obsolete Scottish term 'Thane' or 'Lord' of Angus and Moray.
salutasset – the subj. is dependent on **visus est vidisse.**
animus . . . secum volvebat – lit. 'his mind pondered with itself', i.e. Macbeth pondered in his heart.
Milcolumbum et Donaldum – Malcolm and Donald.
Cumbriae – Cumbria, which embraced southern Scotland and northern England.
eius – 'of Duncan'.
conviciis – 'nagging'.
omnium consiliorum – gen. after **conscia,** 'aware of', 'a party to'.

7 *The murder of Duncan and flight of his sons.*

igitur re cum intimis amicorum, in quibus erat Bancho, communicata, regem opportunum insidiis ad Ennernessum nactus, septimum iam annum regnantem obtruncat; ac, manu collecta, Sconam profectus, populari favore fretus regem se dicit. liberi Duncani tam repentino malo icti, cum et patrem caesum et auctorem caedis regnantem audirent, et insidias passim a tyranno collocari, ut eorum caede regnum confirmaret, latebras fugae subinde mutando saluti aliquamdiu consuluerunt. verum cum neque quicquam adversus potentiam eius satis tutum videbatur, neque ab homine natura saevo spes ulla clementiae ostenderetur, diversi Milcolumbus in Cumbriam, Donaldus ad propinquos patris in Aebudas diffugiunt.

8 *The end of Macbeth.*

Macbethus prope desertus ab omnibus, cum in tam repentina defectione nihil melius occurreret, in arcem Dunsinanam se inclusit, missis in Aebudas et Hiberniam amicis, ut pecunia illinc militem conducerent. Milcolumbus, consilio eius audito, recta ad eum ducit, populo, quacumque ibat, bene precante ac faustis acclamationibus eum prosequente. hoc velut omine victoriae laeti milites frondes virentes galeis omnes apposuerunt, triumphantiumque magis quam ad pugnam progredientium specie agmen incedebat. Macbethus perterritus ea hostium fiducia confestim in fugam se dedit; milites eius a duce deserti Milcolumbo se dediderunt. Macduffus tyrannum fugientem assecutus caput occisi ad suos rettulit. multa hic fabulose quidam nostrorum affingunt; sed quia theatris sunt aptiora quam historiae ea omitto. Macbethus septendecim annis rei Scoticae praefuit. decem primis optimi regis officio est functus; septem supremis crudelitatem saevissimorum tyrannorum facile aequavit.

cum intimis amicorum – 'with his closest friends'.
ad Ennernessum – 'near Inverness'.
nactus – 'taking advantage of'; note that **nancisci** usually has this meaning.
Sconam – Scone, in Perthshire, where the Scottish kings were crowned.
malo – from **malum,** 'a misfortune'.
caesum . . . regnantem – note the change in the participles, 'when they heard that their father *had been* killed and that the perpetrator of the deed *was* on the throne'.
latebras fugae – lit. 'the hiding places of their flight', i.e. the places in which they hid in their flight.
saluti consuluerunt – 'saved their lives'; **consulere** + dat. = 'to look after'.
natura – abl. of respect.
in Aebudas – the Inner Hebrides.

in arcem Dunsinanam – his castle at Dunsinane, in Perthshire.
recta – supply **via,** abl. 'straight'.
ducit – supply **copias** or **exercitum.**
bene precante – 'wishing him success'.
triumphantium . . . specie – 'more like men who were already victorious than . . .'.
multa hic fabulose quidam nostrorum affingunt – 'some of our writers add many fabulous embellishments to this story'.
theatris sunt aptiora – an interesting forecast of the dramatic possibility of the Macbeth story.
septendecim annis – note the use of the abl. case.
decem primis (annis) . . . septem supremis (annis) – Macbeth's reign, according to Buchanan, was a mixture of the best and the most brutal in kingship.

Appendix 1: *Roman Personal Names*

Praenomen standing first (and corresponding in some respects to our Christian name) marked the individual, e.g. Publius, Caius.

Nomen standing second indicated the gens or tribe, e.g. Cornelius, Fabius.

Cognomen standing third denoted the family within the gens, e.g. Scipio, Maximus.

Agnomen Occasionally, in addition to the ordinary name, a complimentary title was given a person to commemorate some outstanding achievement. This was the agnomen.

The full names of two famous Roman military leaders who opposed Hannibal were:

Praenomen	**Nomen**	**Cognomen**	**Agnomen**
Quintus	Fabius	Maximus	Cunctator
Publius	Cornelius	Scipio	Africanus

Fabius Maximus, elected dictator after the crushing defeat of the Roman forces at Lake Trasimene in 217 B.C., because of his tactics against Hannibal was called 'The Delayer'. Publius Scipio, after brilliant military successes in Spain against the Carthaginians, finally conquered Hannibal and his forces in Africa at the battle of Zama in 202 B.C. For this achievement he was dignified by the name Africanus.

Abbreviations of Proper Names

A.	Aulus	P.	Publius
Ap.	Appius	Q. or Qu.	Quintus
C.	Caius	S. or Sex.	Sextus
Cn.	Cnaeus	Ser.	Servius
D.	Decimus	Sp.	Spurius
L.	Lucius	T.	Titus
M.	Marcus	Ti. or Tib.	Tiberius

Appendix 2: *Other Abbreviations*

a.u.c.	anno urbis conditae, ab urbe condita
c.	circa
cos.	consule
coss. conss.	consulibus
d.	data
d.d.	dono dedit
f.	filius
Imp.	Imperator
I.O.M.	Iovi Optimo Maximo
P.C.	Patres Conscripti
S.C.	senatus consultum
S.D.P.	salutem dicit plurimam
S.P.Q.R.	Senatus populusque Romanus
S.V.B.E.E.V.	si vales, bene est; ego valeo
Tr. Pl.	tribunus plebis

Appendix 3: *Dates*

The Roman year consisted originally of ten months and began with March: January and February were added later. A particular year was referred to by the names of the consuls for that year, e.g.

L. Iulio Caesare C. Marcio Figulo consulibus
(L. Iulio Caesare C. Marcio Figulo coss.)

'In the consulship of Lucius Iulius Caesar and Caius Marcius Figulus' (i.e. 64 B.C.).

Later, Roman writers calculated the year from the founding of the city of Rome, 753 B.C., using the words **a.u.c.** (**anno urbis conditae**)

e.g. **sescentesimo quinquagesimo secundo** = 102 B.C.
septingentesimo sexagesimo septimo = A.D. 14

The names of the months, adjectives agreeing with the word **mensis** (month) understood, are as follows:

Ianuarius-a-um	**Quinctilis-is-e** (later called **Iulius,** after **Iulius Caesar**)
Februarius-a-um	**Sextilis-is-e** (later called **Augustus,** after **Augustus Caesar**)
Martius-a-um	**September-ris-re**
Aprilis-is-e	**October-ris-re**
Maius-a-um	**November-ris-re**
Iunius-a-um	**December-ris-re**

The days were calculated from the three chief days in the month, the Kalends (**Kalendae-arum** f.pl.), 1st day; the Nones (**Nonae-arum** f.pl.). 5th day: this became the 7th day in March, May, July, October; and the Ides (**Idus-uum** f.pl.), the 13th day: this became the 15th day in March, May, July, October.

The following examples show how the Romans handled the dates in each month:

Kalendis Martiis (Kalend. Mart.) 1st March.

Nonis Martiis (Non. Mart.) 7th March.

Idibus Martiis (Id. Mart.) 15th March.

Pridie ('the day before') **Nonas Februarias (Prid. Non. Febr.)** 4th February.

Ante diem quartum Idus Iunias (a.d. IV. Id. Iun.) 10th June.

Ante diem decimum Kalendas Ianuarias (a.d. X. Kalend. Ian.) 23rd December.

Vocabulary: *Proper Names*

A

Actiacus -a -um belonging to Actium

Actium -i *n.* Actium, a promontory and town in Epirus (see **Antonius**)

Adherbal -alis *m.* Adherbal, son of Micipsa; killed by Jugurtha

Aeacides -is *m.* descendant of Aeacus, son of Jupiter

Aeduus -a -um *adj. or noun* Aeduan; Aedui were a Gallic people

Aegina -ae *f.* Aegina, island in the Saronic gulf off coast of Argolis

Aegyptus -i *f.* Egypt

Afer -ri *m.* an African

Africanus -i *m.* Publius Cornelius Scipio Africanus, a famous Roman general

Africus -a -um African

Alcibiades -is *m.* Alcibiades, a celebrated Athenian general and statesman

Alexander -ri *m.* Alexander the Great, King of Macedon 336–323 B.C.

Alexandria (Alexandrea) -ae *f.* Alexandria, famous city on the Nile delta

Alexandrinus -a -um belonging to Alexandria

Allobroges -um *m.* Allobroges, a people of the east side of the Rhône

Alpes -ium *f.* the Alps

Alpicus -a -um Alpine, of the Alps

Ambarri -orum *m.* Ambarri, a people related to the Aedui

Amulius -i *m.* Amulius, King of Alba; brother of Numitor

Antiochus -i *m.* Antiochus, King of Syria

Antonius -i *m.* Marcus Antonius, conquered by Octavian at the battle of Actium 31 B.C.

Apollo -inis *m.* the god Apollo, patron of medicine and the Arts

Apollonia -ae *f.* Apollonia, an ancient colony of the Corinthians in Epirus

Appuleius -i *m.* Sextus Appuleius, consul in the year Augustus died

Apulia -ae *f.* Apulia, country on the Adriatic coast

Aquileia -ae *f.* Aquileia, town in upper Italy; built by Rome after 2nd Punic War

Arar -aris *m.* river Arar (Saône) in Gaul

Asia -iae *f.* Asia

Athenae -arum *f. pl.* Athens

Augustus -i *m.* Augustus, the surname given to Octavian when he was emperor

Aventinus (mons) -i *m.* the Aventine (hill), one of the seven hills of Rome

B

Bithynia -ae *f.* Bithynia, a prosperous part of Asia Minor

Britannia -ae *f.* Britain

Britannus -i *m.* a Briton

Brundisium -i *n.* the modern Brindisi, main Roman naval station in Adriatic

Brutus -i *m.* Marcus Brutus, one of Julius Caesar's assassins

Bucephalus -i *m.* Bucephalus, the horse of Alexander the Great

C

Caesar -aris *m.* Caesar (1) Julius Caesar; (2) Gaius Caesar, a name assumed by Augustus in his early days; (3) the title given to Emperors

Cannae -arum *f.* Cannae, a village in Apulia noted for a crushing defeat of the Romans by Hannibal

Cannensis -is -e of Cannae

Cantabricus -a -um of Cantabria, a Spanish province

Cantium -ii *n.* Kent

Capua -ae *f.* Capua, capital city of Campania

Carthaginiensis -is -e *adj. or noun* Carthaginian

Carthago -inis *f.* Carthage, a famous city in N. Africa

Carthago Nova *f.* New Carthage (modern Cartagena) on S.E. coast of Spain

Cassius -i *m.* Caius Cassius, one of Julius Caesar's assassins

Cassivellaunus -i *m.* Cassivellaunus, a British chief

Catilina -ae *m.* Lucius Sergius Catilina, Roman patrician; plotted against the Roman state

Cato -onis *m.* Marcus Porcius Cato, a famous Roman statesman

Caudium -i *n.* Caudium, a city in Samnium where the Samnites sent the defeated Romans under the yoke

Cicero -onis *m.* Marcus Tullius Cicero, statesman, celebrated orator; murdered 43 B.C. at Formiae

Circus Maximus -i *m.* the Circus Maximus, used early on for military exercises, later for chariot-racing and gladiatorial contests

Cleopatra -ae *f.* Cleopatra, Queen of Egypt; associate of Antony

Corinthius -a -um of Corinth; Corinthian

Corinthus -i *f.* Corinth, important harbour in N. Peloponnese; famous for its wealth and luxury

Creta -ae *f.* Crete

Cyprius -a -um of, or from Cyprus

D

Daci -orum *n.* Dacians, inhabited Dacia north of the Danube

Dalmaticus -a -um of Dalmatia, on Eastern Adriatic

Dani -orum *m.* Danes

Danicus -a -um Danish

Deliacus -a -um of Delos, a famous Aegean island

Diana -ae *f.* Diana, goddess of hunting, childbirth, etc.

Dolabella -ae *m.* P. Cornelius Dolabella, third husband of Cicero's daughter, Tullia

Dumnorix -igis *m.* Dumnorix, a chieftain of the Aedui

Duncanus -i *m.* Duncan, a Scottish king

Dyrrachium -i *n.* Dyrrachium, famous sea-coast town of Grecian Illyria

E

Etruria -ae *f.* Etruria, a district on N.E. coast of Italy; roughly modern Tuscany

F

Fifa -ae *f.* Fife

Fifani -orum *m.* people of Fife

Flamininus, Titus a Roman consul

Furculae Caudinae *f.* the Caudine Forks, a defile near Caudium (see **Caudium**)

G

Galatia -ae *f.* Galatia, a country of Asia Minor

Gallia -ae *f.* Gaul

Gallicus -a -um of Gaul, Gallic

Gallus -i *m.* a Gaul

Garumna -ae *f.* the river Garonne

Gellius, L. Lucius Gellius, a Roman consul

Genava -ae *f.* Geneva

Germani -orum *m.* Germans

Gracchus, Tiberius and Caius Gracchus brothers; agrarian reformers; both were murdered

H

Hadrumetum -i *n.* Hadrumetum, a city in Africa

Hannibal -alis *m.* Hannibal; celebrated Carthaginian leader; son of Hamilcar

Hasdrubal -alis *m.* Hasdrubal, son of Hamilcar Barca and brother of Hannibal

Helvetii -orum *m.* Helvetii, people of part of Gaul, now Switzerland

Helvetius -a -um belonging to the Swiss

Herennius Pontius father of C. Pontius

Hiberni -orum *m.* Irish

Hibernia -ae *f.* Ireland

Himera -ae *f.* city in N. Sicily

Hispania -ae *f.* Spain

I

Ianus Quirinus *m.* name for Janus, god of doorways

Italia -ae *f.* Italy

Italus -a -um Italian

Iunius -a -um (mensis) the month of June

Iuppiter, Iovis *m.* Jupiter (Jove), ruler of gods and men

Iura -ae the Jura range of mountains stretching from Rhine to Rhône

K

Kalendae -arum *f.* first of each month; Kalends

L

Labienus -i *m.* Titus Labienus, officer of Caesar in Gaul

Laurentinum -i *n.* Pliny's estate near Laurentum

Lemannus -i *m.* the lake of Geneva

Lentulus -i *m.* Cnaeus Lentulus, a Roman consul

Lepidus -i *m.* Marcus Lepidus, member of Second Triumvirate

Liger -eris *m.* the river Loire

Livia -ae *f.* Livia, wife of Augustus

Lollianus -a -um belonging to Lollius, general of Augustus

Luceria -ae *f.* Luceria, a town in Apulia

Lucerini -orum *m.* inhabitants of Luceria

M

Mare Internum *n.* the Mediterranean Sea

Mars Ultor *m.* Mars the Avenger; a title of Mars, god of War

Megara -ae *f.* Megara

Minerva -ae *f.* Minerva, goddess of wisdom

Mona -ae *f.* Anglesey

Moravia -ae *f.* Moray

N

Neapolis -is (*acc.* **-im**) *f.* Naples

Nola -ae *f.* Nola, ancient city of Campania

Nonae -arum *f.* Nones, 5th (or 7th) day of the month

Norwegia -ae *f.* Norway

Numitor -oris *m.* Numitor, son of Procas; shared Alba with his brother Amulius

O

Octavius see **Augustus**

Opimius -i *m.* Lucius Opimius; as consul he opposed the Gracchi (see **Gracchus**)

P

Padus -i *m.* the river Po, in Gallia Cisalpina; Italy's largest river

Palatium -i *n.* the Palatine, largest of the Seven Hills of Rome

Pallas -antis *m.* Pallas, a rich Roman

Parthi -orum *m.* Parthians; skilful archers from Parthia, a country of Asia

Philippensis -is -e of or at Philippi, a city of Macedonia

Piraeus -i *m.* Piraeus, the port of Athens

Plinius -i *m.* C. Plinius Caecilius Secundus; Pliny the younger

Poenus -i *m.* a Phoenician; a Carthaginian

Pompeius -i *m.* Sextus Pompeius, a consul at Augustus' death

Pontius -i *m.* Caius Pontius, a Samnite general

Pontus -i *m.* Pontus Euxinus, the Black Sea

Praetextatus -i *m.* the name given to one wearing the toga praetexta

Provincia -ae *f.* Provence

Prusia(s) -ae *m.* Prusias, King of Bithynia; betrayed Hannibal to the Romans

Punicus -a -um Carthaginian

Puteoli -orum *m.* Puteoli, a city on the coast of Campania

Q

Quirites -ium *m.* Quirites, a name given to men of the Roman nation

R

Remus -i *m.* Remus, twin of Romulus

Rhenus -i *m.* the river Rhine

Rhodanus -i *m.* the river Rhône

Roma -ae *f.* city of Rome

Romanus *noun and adj.* Roman

Romulus -i *m.* Romulus, son of Mars; grandson of Numitor; legendary founder of Rome

S

Saguntum -i *n.* Saguntum, city on E. coast of Spain

Samnites -ium *m.* Samnites, inhabitants of Samnium

Samus -i *f.* Samos, island off coast of Asia Minor

Santones -um (**Santoni -orum**) *m.* Santones, people living near mouth of Garonne

Scipio -onis *m.* Publius Scipio Africanus, famous general; conqueror of Hannibal

Scotia -ae *f.* Scotland

Secundus see **Plinius**

Sequani -orum *m.* Sequani, inhabitants of area around the Saône

Sicilia -ae *f.* Sicily, the title of a book by Augustus

Sicilia -ae *f.* island of Sicily

Siculi -orum *m.* Sicilians

Socrates -is *m.* Socrates, celebrated Greek philosopher

Suevulus -i *m.* diminutive of **Suevus** (see below)

Suevus -i *m.* one of the Suevi people who lived in N.E. Germany; known as Swabians

Sulpicius -i *m.* (1) Publius Sulpicius, Roman consul 201 B.C.; (2) Servius Sulpicius Rufus, friend of Cicero

Syracusae -arum *f. pl.* Syracuse, famous city in Sicily

Syria -ae *f.* Syria, region in Asia

T

Tacitus -i *m.* Caius Cornelius Tacitus, famous Roman historian

Tamesis -is (*acc.* **-im**) *m.* river Thames

Taus, Tai *m.* river Tay

Terentia -ae *f.* Terentia, wife of Cicero

Thermae -arum *f.* Thermae, town on N. coast of Sicily

Thermitanus -a -um belonging to Thermae

Thessalonica -ae *f.* Thessalonica, city of Macedonia

-ae *m.* a Roman name

Thurinus -a -um belonging to Thurii, a city of Luceria

Tiberis -is (*acc.* **-im**) *m.* river Tiber

Tiberius -i *m.* Tiberius Claudius Nero, succeeded Augustus as emperor

Tiburtinus -a -um of or belonging to Tibur (modern Tivoli)

Tonans -antis. *m.* Iuppiter Tonans, Jupiter the Thunderer

Trebia -ae *f.* Trebia, river in Gallia Cisalpina; scene of Roman defeat by Hannibal

Trinobantes -um *m.* Trinobantes, a people of E. Britain

Troia -ae *f.* Troy, city in Phrygia destroyed by the Greeks

Tullia -ae *f.* Tullia, daughter of Cicero and Terentia

Tulliola -ae *f.* diminutive form of Tullia

Tusculanum -i *n.* Cicero's villa at Tusculum in Latium (modern Frascati)

V

Varianus -a -um belonging to Varus (see **Varus**)

Varro -onis *m.* Varro, a distinguished Roman writer

Varus -i *m.* Quintilius Varus, a general of Augustus

Venus -eris *f.* Venus, goddess of love

Venusinum -i *n.* Cicero's villa at Venusia on borders of Apulia and Lucania

Verres -is *m.* Caius Cornelius Verres, unscrupulous governor of Sicily

Vesta -ae *f.* Vesta, goddess of hearth and household

Volusenus, Caius *m.* officer of Julius Caesar

X

Xanthippe -is *f.* wife of Socrates, the Greek philosopher

Z

Zama -ae *f.* town of Numidia where Scipio defeated Hannibal in 202 B.C.

General Vocabulary

A

a, ab *prep.* + *abl.* by, from
abdo -ere -didi -ditum 3 take away, remove, withdraw
abduco -ere -duxi -ductum 3 lead away
abeo -ire -ii -itum go away, depart
abicio -ere -ieci -iectum 3 throw away, discard
abies -ietis *f.* fir tree
aboleo -ere -evi -itum 2 check, retard, abolish
abrumpo -ere -rupi -ruptum 3 break off, rend
abscedo -ere -scessi -scessum 3 leave, depart from
abscindo -ere -scidi -scissum 3 cut off
absens -entis absent
abstineo -ere -stinui -stentum 2 restrain, keep from
absum -esse, abfui (**afui**) be away, be absent, be distant
absumo -ere -sumpsi -sumptum 3 take away, consume, ruin
ac *conj.* and
accedo -ere -cessi -cessum 3 come near, approach, be added
acceptus -a -um a favourite with, accepted
accidit *impers. vb.* it happens
accio 4 summon
accipio -ere -cepi -ceptum 3 receive, hear, learn
acclamatio -onis *f.* shout of approval
accommodo I apply
acer, acris, acre sharp, keen, eager
acerbus -a -um harsh, bitter
acies -iei *f.* line of battle, point, head, edge
acquiesco -ere -evi -etum 3 become quiet, lie down to rest, assent to
actus -us *m.* act
acutus -a -um sharpened, sharp
ad *prep.* + *acc.* to, towards, against, at, near
adamo I desire greatly
addo -ere -didi -ditum 3 add
adduco -ere -duxi -ductum 3 lead on, bring up
adeo *adv.* so, to such an extent
adeo -ire -ii -itum come towards, approach
adfero -ferre, adtuli (**attuli**), **adlatum** (**allatum**) bring to
adfinis -is -e *adj. and noun* bordering on, relative, associate
adflicto I afflict, assail
adfligo -ere -flixi -flictum 3 beat, smash
adgravo I render serious, make worse
adgredior -i -gressus sum 3 *dep.* attack, attempt
adgrego I gather, assemble
adhibeo -ere -ui -itum 2 apply
adhuc *adv.* to this place, up to this point, thus far, still, hitherto
adicio -ere -ieci -iectum 3 throw near, place near
adigo -ere -egi -actum 3 drive
adimo -ere -emi -emptum 3 take away from (+ *dat. of person*)
adipiscor -i, adeptus sum 3 *dep.* gain, achieve
aditus -us *m.* approach, access
adiungo -ere -iunxi -iunctum 3 join to, attach to
adiuvo -are -iuvi -iutum I help, assist
administro I manage, accomplish
admiror -ari -atus sum I *dep.* wonder at, admire
admitto -ere -misi -missum 3 let in, admit
admodum *adv.* quite, considerably, very
admoneo 2 advise, warn
adnitor -i -nisus (**-nixus**) **sum** 3 *dep.* strive, lean against
adnoto I note
adorior -iri -ortus sum 4 *dep.* rise against, attack, assail
adorno I equip, furnish
adoro I worship, adore
adpeto -ere -ii -titum 3 seek, seek eagerly
adsequor -i -secutus sum 3 *dep.* follow up, achieve, overtake
adsideo -ere -sedi -sessum 3 take one's seat, sit beside, attend to

adsto -are -stiti I stand near
adsuesco -ere -suevi -suetum 3 become accustomed
adsum, adesse, adfui be near, be present
adsumo (assumo) -ere -sumpsi -sumptum 3 take
adulescens -entis *m.* young man
adulescentia -ae *f.* youth, adolescence
advenio -ire -veni -ventum 4 arrive, reach
adventus -us *m.* arrival, approach
adversarius -i *m.* opponent
adversus -a -um *adj.* turned towards, facing, unfavourable
adversus *prep.* + *acc.* facing, against
adverto -ere -verti -versum 3 turn towards
advolo I fly at, attack
aedes -is *f.* temple; *pl.* **aedes -ium** house
aedificium -i *n.* building
aedifico I build, construct
aeger -ra -rum sick, ill, sick at heart
aequitas -tatis *f.* fairness, justice
aequus -a -um equal, level, fair, just, favourable
aerarium -i *n.* treasury
aerumna -ae *f.* hardship, toil, trouble
aes, aeris *n.* bronze, money
aestas -tatis *f.* summer
aestimo I judge, consider, reckon
aestus -us *m.* tide, swell, heat
aetas -tatis *f.* age
affatim *adv.* sufficiently, enough
affero (adfero) -ferre, attuli (adtuli), allatum (adlatum) to bring to, report
affirmo I assert, declare
affligo -ere -flixi -flictum 3 dash against, smash
ager -ri *m.* field; *pl.* **agri** territory
agger -eris *m.* mound rampart, earthwork
aggredior -i, aggressus sum 3 *dep.* attack
agito I keep on doing, discuss
agmen -inis *n.* column, rank
ago -ere, egi, actum 3 do, act, drive, discuss, pass (time)
aio *defect. vb.* say; **ait** he says; **aiunt** they say
alacritas -tatis *f.* speed, sharpness, quickness
alapa -ae *f.* blow, slap
albus -a -um white
alibi *adv.* in another place
alienus -a -um belonging to another, foreign, different
alio *adv.* to another place
aliquamdiu *adv.* for some (considerable) time
aliquantus -a -um some, considerable; *advs.* **aliquanto, aliquantum**
aliquis -quid *pro.* someone, anyone
alius, alia, aliud *pro. and adj.* one, another, different
alloquor (adloquor) -i -locutus sum 3 *dep.* address
alo -ere, alui, altum 3 nourish, feed, keep alive
alter -era -erum *pro. and adj.* one (of two), other (of two)
altus -a -um high, tall, steep, deep
amare *adv.* bitterly
ambulo I walk
amens -entis mad, deranged
amentia -ae *f.* madness
amicitia -ae *f.* friendship
amicus -a -um *adj. and noun* friendly, friend
amissio -onis *f.* loss
amitto -ere -misi -missum 3 lose
amnis -is *m.* river
amo I love
amor -oris *m.* love, passion, lover
amplector -i -plexus sum 3 *dep.* embrace, welcome
amplus -a -um great, spacious, distinguished; **amplius** *compar. adv.* more, greater
an *conj.* or, whether
ancora -ae *f.* anchor
ango -ere, anxi, anctum 3 bind, cause pain, hurt
angulus -i *m.* corner, extreme point
angustiae -arum *f. pl.* narrow pass, defile
angustus -a -um narrow, close
animadverto -ere -verti -versum 3 notice, observe; *with* **in** + *acc.* to punish
animus -i *m.* mind, spirit, heart
annihilo I destroy
annus -i *m.* year
ante *prep.* + *acc.* before, in front of; **ante** *adv.* = **antea**
antea *adv.* before
antecedo -ere -cessi -cessum 3 go before

antequam (anteaquam) *conj.* before
antiquus -a -um old, ancient
aper -ri *m.* boar
aperio -ire -perui -pertum 4 open, reveal
aperte *adv.* openly
appareo -ere -ui 2 appear
apparo 1 make preparations
appello 1 entreat, address, call
appello -ere, appuli, appulsum 3 drive, move or bring to
appono -ero -posui -positum 3 place near, apply
apprehendo -ere -prehendi -prehensum 3 catch, catch up with
appropinquo 1 approach + *dat.*
aptus -a -um fit, suitable
apud *prep.* + *acc.* at, among, at the house of, according to
aqua -ae *f.* water
aquosus -a -um watery
arbitrium -i *n.* thought, judgment, will
arbitror -ari -atus sum 1 *dep.* think
arbor -oris *f.* tree
arceo -ere -ui 2 ward off, keep away from
arcesso -ere -cessivi -cessitum 3 summon
ardeo -ere, arsi, arsum 2 burn, be on fire, be eager
argumentum -i *n.* proof, subject
arguo -ere, argui, argutum 3 convict, test
aridum -i *n.* dry land
aridus -a -um dry, parched
arma -orum *n. pl.* arms
armo 1 arm
artus -a -um tight, close-fitting
arundo -dinis *f.* reed
arx, arcis *f.* citadel
ascendo -ere -scendi -scensum 3 mount, climb up
aspectus -us *m.* sight, appearance
aspicio -ere -spexi -spectum 3 look at, behold
aspis -idis *f.* viper, asp
assigno 1 mark out, allot, assign
assuetus -a -um accustomed
assumo, -ere, assumpsi, assumptum 3 adopt, assume, lead
assurgo -ere -surrexi -surrectum 3 rise up
at *adv.* but
athleta -ae *m.* athlete
atque *conj.* and, and also
atrium -i *n.* hall, house
atrox -cis fierce
attempto (attento) 1 try, attempt
attendo -ere -tendi -tentum 3 attend to, consider
attingo -ere -tigi -tactum 3 touch, put into land
auctor -oris *m.* instigator, helper, author
auctoritas -tatis *f.* influence, power, authority
audacia -ae *f.* boldness, daring, effrontery
audeo -ere, ausus sum 2 *semi-dep.* dare, venture
audio 4 hear, listen to
aufero -ferre, abstuli, ablatum carry away, remove
augeo -ere, auxi, auctum 2 increase
augur -uris *m.* diviner, seer, soothsayer
augurium -i *n.* omen, sign
augustus -a -um majestic, august
auratus -a -um gilded
aureus -a -um of gold, golden
auris -is *f.* ear
aurum -i *n.* gold
aut *conj.* or; **aut . . . aut** either . . . or
autem *conj.* on the other hand, however
auxilium -i *n.* help; *pl.* **auxilia** auxiliary forces
avaritia -ae *f.* greed, avarice
avarus -a -um greedy
ave! avete! farewell! goodbye!
aversus -a -um turned away from, unfavourable
avia -ae *f.* grandmother
avis -is *f.* bird
avunculus -i *m.* uncle
avus -i *m.* grandfather, grandsire

B

balineum -i *n.* bath
balneum -i *n.* bath
barba -ae *f.* beard
barbarus -i *m.* foreigner, stranger
barbarus -a -um foreign, strange
beatus -a -um happy, blessed, prosperous
bellator -oris *m.* warrior
bellicosus -a -um warlike, martial
bellum -i *n.* war
bene *adv.* well
beneficentia -ae *f.* kindness, honourable treatment

beneficium -i *n.* kindness, favour, benefit
benevolentia -ae *f.* goodwill, friendliness
bibo -ere, bibi, bibitum 3 drink
biduum -i *n.* a space of two days
bis *adv.* twice
bonus -a -um good, noble, upright; **bona -orum** *n. pl.* goods
bos, bovis *m./f.* ox, cow
bracchium -i *n.* arm
brevis -is -e short, brief
bubulus -a -um belonging to an ox; **Capita bubula** The Ox Heads

C

cadaver -eris *n.* corpse
cado -ere, cecĭdi, casum 3 fall, die
caedes -is *f.* slaughter, death
caedo -ere, cecīdi, caesum 3 cut, kill
caelestis -is -e heavenly, celestial
caelum -i *n.* sky, heaven, climate
caenum -i *n.* filth, uncleanness, loathsome person
caeruleus -a -um dark blue, dark green, azure
calamitas -tatis *f.* disaster, misfortune
campus -i *m.* plain, level space
cano -ere, cecini, cantum 3 sing
capesso -ere, capessivi, capessitum 3 undertake
capillus -i *m.* hair
capio -ere, cepi, captum 3 take, capture, contain, suffer, reach
captivus -i *m.* captive
caput -itis *n.* head, source, person
carcer -eris *m.* prison; **carceres** *pl.* a starting-point on a race course
careo -ere -ui + *abl.* be without, lack, miss
carmen -inis *n.* song, poem, ode, poetry
carnifex -nificis *m.* executioner
caro, carnis *f.* flesh
carpo -ere, carpsi, carptum 3 pluck, select, nag, annoy
carus -a -um dear, beloved
castellum -i *n.* fortress, stronghold
castitas -tatis *f.* chastity
castra -orum *n. pl.* camp
casus -us *m.* fall, chance, setting, misfortune
caterva -ae *f.* company, crowd
causa *prep.* + *gen.* for the sake of
cavea -ae *f.* area
cedo -ere, cessi, cessum 3 go, yield
celebritas -tatis *f.* crowd, multitude
celer -eris -ere swift, rapid
celeritas -tatis *f.* speed, swiftness
cena -ae *f.* dinner
ceno 1 dine
censeo -ere, censui, censum 2 think, propose
censura -ae *f.* censorship
centies *adv.* one hundred times
cera -ae *f.* wax; *pl.* **cerae** writing-tablets
certamen -inis *n.* struggle, contest, crisis
certus -a -um certain, definite, resolved
cervix -icis *f.* neck; *also in pl.* **cervices**
cesso 1 stop, cease
ceteri -ae -a others, the rest
cibaria -orum *n. pl.* food, provisions
cibus -i *m.* food
circa *prep.* + *acc.* round, round about
circiter *adv.* round, around
circum *prep.* + *acc.* round, about
circumcirca *adv.* all around
circumcludo -ere -clusi -clusum 3 surround, shut in
circumdo -dare -dedi -datum 1 surround
circumeo -ire -ii -itum 4 go round
circumsedeo -ere -sedi -sessum 2 sit round, surround
circumspicio -ere -spexi -spectum 3 look round
circumsto -stare -steti -statum 1 stand round, surround
circumvenio -ire -veni -ventum 4 come round, surround
cito 1 make to hasten, summon, cite
cito *adv.* quickly; *compar.* **citius**
citra *prep.* + *acc.* on this side of
civilis -is -e *adj. and noun* civilian
civis -is *c.* citizen
civitas -tatis *f.* state, citizenship
clades -is *f.* disaster
clam *adv.* secretly
clamor -oris *m.* shout
clarus -a -um clear, bright, famous
classis -is *f.* fleet
claudico 1 limp
claudo -ere, clausi, clausum 3 shut, close
clemens -entis gentle, mild, merciful
clementia -ae *f.* gentleness, mercy
cliens -entis *m.* dependant, client
coemo -ere, coemi, coemptum 3 buy

coepi, coepisse *defect. vb.* I began (*perf. also* **coeptus sum**)
coetus -us *m.* assembly, meeting
cogitatio -onis *f.* thought, consideration
cogito 1 think, consider, ponder
cognomen -inis *n.* surname, cognomen
cognosco -ere -novi -nitum 3 get to know, learn, find out
cogo -ere, coegi, coactum 3 collect, gather, compel
cohibeo -ere -ui -itum 2 restrain
cohors -tis *f.* company, cohort
collabor -i -lapsus sum 3 *dep.* slip, fall, collapse
collega -ae *m.* colleague
colligo -ere -legi -lectum 3 gather, collect
collis -is *m.* hill
colloco 1 place, set, pitch
colloquium -i *n.* conversation, conference
colloquor -i -locutus sum 3 *dep.* speak with, confer
colo -ere, colui, cultum 3 cultivate, honour, favour
colonia -ae *f.* colony, settlement
color -oris *m.* colour, complexion
comburo -ere -ussi -ustum 3 burn
comes -itis *c.* companion
comitium -i *n.* meeting place; *pl.* **comitia** elections
comitor -ari -atus sum 1 *dep.* accompany
commeatus -us *m.* thoroughfare, convoy, provisions
commemoro 1 recall, remember
commentarii -orum *m. pl.* notebooks, memoirs
committo -ere -misi -missum 3 join, commit, maintain a struggle with
commode *adv.* properly, rightly, neatly
commoror -ari -atus 1 *dep.* wait, delay
commoveo -ere -movi -motum 2 move, disturb
communico 1 share, communicate
communio 4 fortify, strengthen
communis -is -e common
como -ere, compsi, comptum 3 comb, adorn
comparo 1 gather, collect, compare
compavesco -ere 3 be greatly afraid
compello -ere -puli -pulsum 3 drive together
comperio -ire -peri -pertum 4 learn, ascertain
competitor -oris *m.* rival, rival candidate (for office)
compilo 1 rob
compleo -ere -plevi -pletum 2 fill, man (ships)
complexus -us *m.* embrace
complures -ium several, a considerable number
compono -ere -posui -positum 3 put together, compose, finish
comprehendo -ere -endi -ensum 3 seize, arrest
compressius *compar. adv.* more closely
comprimo -ere -pressi -pressum 3 check
conatum -i *n.* attempt
conatus -us *m.* attempt
concedo -ere -cessi -cessum 3 grant, yield, retire
concĭdo -ere, concĭdi 3 fail, collapse
concīdo -ere -cīdi -cisum 3 cut down, kill
concilio 1 win over
concilium -i *n.* meeting
concipio -ere -cepi -ceptum 3 catch, feel, conceive
concupisco -ere -cupivi -cupitum 3 long greatly for
concursus -us *m.* running together, meeting, assembly
condemno 1 condemn
condicio -onis *f.* condition, term
condisco -ere -didici 3 learn thoroughly
conditor -oris *m.* founder
condo -ere -didi -ditum 3 put together, found, compose, hide
conduco -ere -duxi -ductum 3 lead together, hire
confero -ferre -tuli, collatum carry with, compare, contend
confestim *adv.* hastily, hurriedly
conficio -ere -feci -fectum 3 finish, complete, exhaust
confido -ere, confisus sum 3 *semi-dep.* + *dat.* trust; + *abl.* trust in
configo -ere -fixi -fixum 3 fix, pierce
confirmo 1 establish, strengthen, confirm, assert
conflagro 1 be on fire
confligo -ere -flixi -flictum 3 dash together, clash

confugio -ere -fugi -fugitum 3 flee together, take refuge
confundo -ere -fudi -fusum 3 pour together, mix, confuse
confusus -a -um disorderly
congredior -i -gressus sum 3 *dep.* come together
congrego 1 collect, amass
congruo -ere -ui 3 fit, agree, correspond to
conicio -ere -ieci -iectum 3 hurl
coniugium -i *n.* marriage, wedlock
coniunctus -a -um close-set (of eyes)
coniungo -ere -iunxi -iunctum 3 join together
coniunx -iugis *m./f.* husband, wife
coniuratio -onis *f.* conspiracy
conor -ari -atus sum 1 *dep.* try, attempt
conquasso 1 shake, shatter
conquiesco -ere -quievi -quietum 3 become quiet
consanesco -ere -sanui 3 become whole, be healed
consanguineus *noun or adj.* blood relation, related by blood
consaucio 1 wound
conscendo -ere -scendi -scensum 3 climb, embark
conscio -ire 4 share knowledge with
conscius -a -um knowing, conscious, aware
conscribo -ere -scripsi -scriptum 3 write, enrol (soldiers)
conscripti -orum; patres conscripti Conscript Fathers, a title given to senators
consensio -onis *f.* agreement, unanimity
consequor -i -secutus sum 3 *dep.* follow, ensue, achieve
considero 1 think on, ponder over
consido -ere -sedi -sessum 3 take a seat, settle in a position
consilium -i *n.* plan, policy, stratagem
consisto -ere -stiti -stitum 3 stand still, halt
consobrinus -i *m.* cousin
consolatio -onis *f.* consolation
consolor -ari -atus sum 1 *dep.* comfort, soothe
conspectus -us *m.* sight
conspicio -ere -spexi -spectum 3 see, catch sight of
conspicuus -a -um conspicuous
constantia -ae *f.* steadfastness
constat *impers. vb.* it is well known, it is agreed, it costs
consterno -ere -stravi -stratum 3 throw down, cast down
constituo -ere -stitui -stitutum 3 set, establish, determine
consuesco -ere -suevi -suetum 3 become accustomed
consuetudo -inis *f.* custom, habit, practice
consul -ulis *m.* consul
consularis -is -e consular
consulatus -us *m.* consulship
consulo -ere -sului -sultum 3 consult (+ *acc.*); consult the interest (+ *dat.*)
consulto *adv.* on purpose, deliberately
consulto 1 discuss
consultum -i *n.* decree; **senatus consultum** decree of the senate
consumo -ere -sumpsi -sumptum 3 spend, use up, swallow
contemno -ere -tempsi -temptum 3 scorn, despise
contemplor -ari -atus sum 1 *dep.* ponder, reflect, survey
contendo -ere -tendi -tentum 3 march, hasten, contend
contentus -a -um satisfied, content
continens -entis *f.* mainland; *adj.* neighbouring
contineo -ere -tinui -tentum 2 keep together, restrain, contain
contingit *impers. vb.* it happens
continuus -a -um continuous, uninterrupted
contra *prep.* + *acc.* against, opposite
contradico -ere -dixi -dictum 3 speak against, make reply
contraho -ere -traxi -tractum 3 draw together, concentrate, contract (disease)
convenio -ire -veni -ventum 4 come together, meet
converto -ere -verti -versum 3 turn, change direction
convicium -ii *n.* quarrel, wrangling
convictor -oris *m.* fellow-diner
convinco -ere -vici -victum 3 convict, refute
convivo -ere -vixi -victum 3 live with, share home with
convoco 1 call, summon
coorior -iri, coortus sum 4 *dep.* rise

copia -ae *f.* plenty, supply, opportunity; *pl.* **copiae** forces
copiosus -a -um fluent, eloquent
cor, cordis *n.* heart
coram *prep.* + *abl.* in the presence of; *adv.* personally
corona -ae *f.* crown
corpus -oris *n.* body
corrigo -ere -rexi -rectum 3 correct, amend, smooth
corripio -ere -ripui -reptum 3 seize, snatch
corrumpo -ere -rupi -ruptum 3 break up, corrupt
cotidianus -a -um daily, every day
cotidie *adv.* daily
creber -ra -rum close together, crowded
credo -ere, credidi, creditum 3 + *dat.* believe, trust
creo 1 produce, bring forth, make; **creatus** sprung from
cresco -ere, crevi, cretum 3 grow, spring
criminor 1 *dep.* accuse, charge, calumniate
crudelis -is -e unfeeling, cruel
crudelitas -tatis *f.* harshness, cruelty
crus, cruris *n.* leg
crux, crucis *f.* cross
cryptoporticus -us *f.* covered gallery or passage
cubiculum -i *n.* bedroom, apartment
culpa -ae *f.* fault, blame
culpo 1 blame, find fault with
cum *prep.* + *abl.* with, along with
cum *conj.* when, since, although, whenever
cunctor 1 *dep.* delay
cunctus -a -um all, in a body, together
cuneus -i *m.* wedge, division of seats in theatre
cupiditas -tatis *f.* desire, longing, greed
cupidus -a -um desirous, eager, anxious
cupio -ere, cupivi, cupitum 3 long for, desire, be eager
cur *interrog.* why?
cura -ae *f.* care, attention, anxiety
curia -ae *f.* senate-house
curo 1 care for, attend, see to
curro -ere, cucurri, cursum 3 run
cursus -us *m.* running, race, course
custodia -ae *f.* guarding, custody, protection
custos -odis *m.* guard, keeper, warder

D

damno 1 condemn
de *prep.* + *abl.* about, concerning, down, according to, after
dea -ae *f.* goddess
debello 1 fight to a finish
debeo -ere -ui -itum 2 owe, ought
decedo -ere -cessi -cessum 3 go down, leave
decerno -ere -crevi -cretum 3 decide, ordain
decessus -us *m.* death
decet, decere, decuit *impers. vb.* 2 it becomes, it is seemly
decipio -ere -cepi -ceptum 3 deceive
declaro 1 make clear, reveal
decretum -i *n.* order, decree, resolve
deditio -onis *f.* surrender
dedo -ere, dedidi, deditum 3 give up, surrender
deduco -ere -duxi -ductum 3 lead down, bring down
defectio -onis *f.* desertion, failing, decline, revolt
defendo -ere -fendi -fensum 3 defend, protect, ward off
defensio -onis *f.* defence, protection
defero -ferre -tuli -latum carry down, inform; **nomen deferre** to make a charge (in court)
deficio -ere -feci -fectum 3 fail, faint, revolt
defigo -ere -fixi -fixum 3 fasten down, drive in
defungor -i -functus sum 3 *dep.* + *abl.* finish; die (*intrans.*)
deicio -ere -ieci -iectum 3 throw down
dein, deinde *conj.* then, next, thereafter
deinceps *adv.* thereafter, in succession
delecto 1 delight
delectus -us *m.* review, levy
deleo -ere -evi -etum 2 destroy
delibero 1 discuss, ponder, deliberate
deligo -ere -legi -lectum 3 choose, select
demereo -ere -merui -meritum 2 deserve, merit
deminuo -ere -minui -minutum 3 lessen
demonstro 1 show, point out

denarro I relate, recount
denique *adv.* and then, next, thereafter
dens -tis *m.* tooth
densus -a -um thick, tightly packed
denus -a -um ten years old
depaupero I impoverish
depono -ere -posui -positum 3 put down, lay down, put aside
descendo -ere -scendi -scensum 3 climb down, descend
descriptio -onis *f.* inscription
desero -ere -serui -sertum 3 desert, abandon
desiderium -i *n.* longing, desire
desidero I long for
designatus -a -um elect, designate
desilio -ire -silui -sultum 4 jump down
desino -ere -ii 3 stop, end
desisto -ere -stiti -stitum 3 stand down, stop, desist
desperatio -onis *f.* desperation
despicio -ere -spexi -spectum 3 look down on, despise
destino I design, intend, determine, consign
destitutus -a -um bereft of, deprived
desum, deesse, defui be wanting, fail
detineo -ere -tinui -tentum 2 hold down, detain
detrimentum -i *n.* loss, damage
deus -i *m.* god
devinco -ere -vici -victum 3 conquer, defeat
devoro I devour
dexter -ra -rum on the right
dextra (manus) -ae *f.* right hand; *adv.* **dextrā (manu)** on the right side
dicio -onis *f.* power, authority
dico -ere, dixi, dictum 3 say, tell
dictito I say, say often
dictum -i *n.* word, saying
dies -ei *m./f.* day, time
differo -ferre, distuli, dilatum put off, postpone, differ
difficilis -is -e difficult; *adv.* **difficulter**
difficultas -tatis *f.* difficulty
dignitas -tatis *f.* worthiness, high standing, dignity
dignus -a -um worthy, worthy of (+*abl*)
diligens -entis careful, diligent
diligenter *adv.* carefully, diligently
diligentia -ae *f.* carefulness, diligence
diligo -ere -lexi -lectum 3 love
dimico I fight
dimidium -i *n.* half
dimitto -ere -misi -missum 3 send away, dismiss
diripio -ere -ripui -reptum 3 tear apart, ravage, plunder
diruo -ere -rui -rutum 3 ravage, destroy
discedo -ere -cessi -cessum 3 leave, depart
disciplina -ae *f.* training, learning
discribo -ere -scripsi -scriptum 3 mark out, divide
discrimen -inis *n.* difference, distinction, crisis
discumbo -ere -cubui -cubitum 3 recline
discurro -ere, discurri (discucurri), discursum 3 run in different directions
disertus -a -um eloquent
disicio -ere -ieci -iectum 3 scatter, destroy
dispar -paris unequal
dispono -ere -posui -positum 3 place separately, arrange
dissolutus -a -um slack, careless
distribuo -uere -tribui -tributum 3 distribute, apportion
ditior *compar. adj.* richer; **ditissimus** richest, very rich
diu *adv.* for a long time
diuturnus -a -um long-lasting
diversus -a -um turned away, separated
dives -itis rich
divido -ere -visi -visum 3 divide
divitiae -arum *f. pl.* riches
do, dare, dedi, datum I give
doceo -ere, docui, doctum 2 teach
doleo -ere -ui 2 grieve, be sad
dolor -oris *m.* grief, sorrow, resentment
dolus -i *m.* trick, guile
domesticus -a -um of home, in one's house, domestic, internal
domus -us *f.* house, home
donec *conj.* until
dono I give, gift with
donum -i *n.* gift
dubito I doubt, hesitate
dubius -a -um doubtful, uncertain
duco -ere, duxi, ductum 3 lead, consider, marry (used of the man)
dulcis -is -e sweet, pleasant, fresh

dum *conj.* while, until, as long as, provided that
dummodo *conj. + subj.* provided that
duplex -icis double, two-fold
duplico 1 double
dux -cis *m.* leader, guide

E

e, ex *prep. + abl.* out, out of, from, after, according to
edico -ere -dixi -dictum 3 declare, give an official order
educo 1 educate
educo -ere -duxi -ductum 3 lead out
effero -ferre, extuli, elatum carry out, exalt, extol
efficio -ere -feci -fectum 3 bring about, effect, produce
egredior -i -gressus sum 3 *dep.* come out, leave, disembark
egregius -a -um outstanding, remarkable, distinguished
eicio -ere -ieci -iectum 3 throw out
elegans -ntis refined, elegant
elephantus -i *m.* elephant
eligo -ere -legi -lectum 3 select, choose
eludo -ere -lusi -lusum 3 make fun of, mock
emendo 1 free from faults, improve
ementior -iri, ementitus sum 4 *dep.* tell lies
emigro 1 leave
emitto -ere -misi -missum 3 send out, let out, utter
enim *conj.* for
enitor -i -nisus (nixus) sum 3 strive
enoto 1 note down
enumero 1 count, enumerate
enuntio 1 announce, give out
eo, ire, ii, itum go
eo *adv.* to that place
eodem *adv.* to the same place
epistula -ae *f.* letter
eques -itis *m.* horseman
equitatus -us *m.* cavalry
equus -i *m.* horse
erga *prep. + acc.* towards
ergo *conj.* therefore, consequently
eripio -ere -ripui -reptum 3 snatch away, pull out, remove
erudio 4 train
eruditus -a -um learned
erumpo -ere -rupi -ruptum 3 burst out, break out
eruptio -onis *f.* breaking out, sally
esseda -ae *f.* chariot
essedarius -i *m.* charioteer
et *conj.* and, also, even; **et . . . et** both . . . and
etenim *conj.* for, truly, indeed
etiam *conj.* even
etsi *conj.* even if, although
evado -ere -vasi -vasum 3 go out, come out, escape
evenio -ire -veni -ventum 4 come out, turn out, happen
everto -ere -verti -versum 3 overturn, upset
exaequo 1 make equal, regard as equal
examino 1 measure, weigh
excedo -ere -cessi -cessum 3 go out, leave, die
excello -ere -cellui -celsum 3 excel, surpass
excelsus -a -um high
excipio -ere -cepi -ceptum 3 catch, follow, receive
excito 1 stimulate, arouse
excolo -ere -colui -cultum 3 cherish, ennoble, enrich
excubiae -arum *f. pl.* keeping watch, watch
exemplum -i *n.* pattern, model, example
exeo -ire -ii -itum go out, leave
exerceo -ere -ui -itum 2 practise, exercise
exercitus -us *m.* army
exhaurio -ire -hausi -haustum 4 draw off, remove, exhaust
exigo -ere -egi -actum 3 drive out
exiguus -a -um small
eximius -a -um outstanding, remarkable
eximo -ere -emi -emptum 3 remove from, take away
existimo 1 think, consider, reckon
existo (exsisto) -ere -stiti -stitum 3 emerge, arise
exitiabilis -is -e ruinous, causing destruction, fatal
exitium -i *n.* destruction, ruin
exitus -us *m.* going out, exit
exorior -iri -ortus sum 4 *dep.* arise, come into effect
exosculor -ari -atus sum 1 *dep.* praise greatly

expeditio -onis *f.* expedition
expeditior -ius *compar adj.* more convenient
expello -ere -puli -pulsum 3 drive out
experior -iri, expertus sum 4 *dep.* try, experience, find out
expers -pertis + *gen.* having no part in
explico -are -plicui -plicitum 1 unfold, explain
explorator -oris *m.* searcher, spy
exploro 1 reconnoitre, explore
expono -ere -posui -positum 3 place out, lay out, explain, land (of troops)
exposco -ere, expoposci 3 demand
exprobro 1 reproach
expugno 1 take by storm, reduce
exquiro -ere -quisivi -quisitum 3 seek eagerly, enquire
exsanguis -is -e bloodless, weak
exsequor -i -secutus sum 3 *dep.* pursue, accomplish
exsilium -i *n.* exile
exspecto 1 wait for, expect
exspiro 1 exhale
externus -a -um external, foreign
exstinguo -ere -stinxi -stinctum 3 put out, abolish, extinguish
exsto -are 1 stand out, be left
exstruo -ere -struxi -structum 3 build, construct
exsul -ulis *c.* exile, outcast
exsulto 1 gloat over, exult
extra *prep.* + *acc.* outside
extraho -ere -traxi -tractum 3 draw out, extend, drag
extraneus -a -um strange, foreign
extremum *adv.* finally, at last
extremus -a -um outermost, furthest, last, extreme
exuro -ere -ussi -ustum 3 burn out

F

faber -ri *m.* workman, craftsman
fabulose *adv.* in the manner of a fable
facies -iei *f.* appearance, face
facilis -is -e easy, agreeable
facinus -oris *n.* crime, outrage
facio -ere, feci, factum 3 make, do, consider
factu *supine in* **-u**; **optimum factu** best to do
factum -i *n.* deed
facultas -tatis *f.* ability, opportunity; *pl.* resources
fagus -i *f.* beech tree
fallo -ere, fefelli, falsum 3 make to slip, escape notice, deceive, trick
falsus -a -um feigned, false
fama -ae *f.* report, rumour, reputation
fames -is *f.* hunger, famine
familia -ae *f.* household, family
familiaris -is -e of the household, family, familiar
fas *indecl. noun* right, justice
fatum -i *n.* fate
fauces -ium *f. pl.* narrow inlet, defile
faustus -a -um favourable
faveo -ere, favi, fautum 2 + *dat.* favour
favor -oris *m.* encouragement, support, favour
fax, facis *f.* torch
febris -is *f.* fever
felix -icis happy, successful, lucky
femina -ae *f.* woman
fenestra -ae *f.* window
fera -ae *f.* wild beast, wild animal
fere *adv.* almost, generally
ferio -ire 4 strike
ferme *adv.* almost, generally
fero, ferre, tuli, latum bear, carry, suffer, say, lead (of road); **fertur** is said
ferox -ocis fierce, savage
ferreus -a -um made of iron
ferrum -i *n.* iron, sword
ferus -a -um wild, savage, cruel
fessus -a -um weary, tired
festivus -a -um gay, joyous, witty
fidelis -is -e faithful, loyal, trusting
fides -ei *f.* faith, trust, loyalty
fiducia -ae *f.* trust, loyalty, confidence
fidus -a -um trustworthy, faithful
figo -ere, fixi, fixum 3 make fast, fix
filia -ae *f.* daughter
filius -ii *m.* son
finio 4 finish, put an end to
finis -is *m.* end, limit, boundary, goal; *pl.* **fines** territory
finitimus -a -um neighbouring, neighbour
fio, fieri, factus sum become, be made, be done, happen
firmiter *adv.* firmly, securely, lastingly
firmo 1 strengthen
firmus -a -um strong, firm
flagitium -i *n.* shameful deed

flecto -ere, flexi, flexum 3 bend, turn, curve
fleo -ere, flevi, fletum 2 weep, weep over
fletus -us *m.* weeping
floreo -ere -ui 2 flourish, prosper; **florens -entis** prosperous
flumen -inis *n.* river
fluo -ere, fluxi, fluxum, 3 flow, ebb away
foederatus -a -um bound by treaty, federate
foedus -a -um foul, detestable
foedus -eris *n.* treaty, bond, compact
fons, fontis *m.* spring, source, fountain-head
foras *adv.* out-of-doors, outside
fores -um *f. pl.* door, opening
foris *adv.* out-of-doors, outside
forma -ae *f.* shape, form, beauty
fors, fortis *f.* chance; **forte** *adv.* by chance
forsitan *adv.* perhaps
fortasse *adv.* perhaps
fortis -is -e brave, courageous, strong
fortitudo -inis *f.* bravery, courage
fortuito *adv.* by chance, accidentally
fortuna -ae *f.* fortune, luck
forum -i *n.* market-place, forum
fossa -ae *f.* ditch
fovea -ae *f.* pit
foveo -ere, fovi, fotum 2 cherish, foster, love, caress
frango -ere, fregi, fractum 3 break, smash
frater -ris *m.* brother
fraus, fraudis *f.* deceit, trickery
frequenter *adv.* frequently
frequentia -ae *f.* crowded gathering
frequento I attend
fretus -a -um + *abl.* relying on
frigidus -a -um cold, chilly, dull, trivial
frigus -oris *n.* cold; *pl.* **frigora** cold weather
frons, frontis *f.* forehead, front
frumentarius -a -um of or belonging to corn-supply; **res frumentaria** the corn supply
frumentum -i *n.* corn
fruor -i, fructus sum 3 *dep.* + *abl.* enjoy
frustra *adv.* in vain
fuga -ae *f.* flight
fugio -ere, fugi, fugitum 3 flee, escape, flee from
fugitivus -i *m.* runaway, fugitive
fugo I put to flight
fultura -ae *f.* prop, support
funda -ae *f.* sling
fundamentum -i *n.* foundation
fundo -ere, fudi, fusum 3 pour, shed, rout
fungor -i, functus sum 3 *dep.* + *abl.* perform
fur, furis *c.* thief
furax -acis thieving
furcifer -feri *m.* yoke-bearer, hang-dog, scoundrel
furo -ere 3 rave, rage, be mad
furor -oris *m.* rage, madness
futilis -is -e futile, worthless

G

galea -ae *f.* helmet
gallina -ae *f.* hen
gaudeo -ere, gavisus sum 2 *semi-dep.* rejoice, be glad
gaudium -i *n.* joy
gelidus -a -um cold, frosty, cool
gemitus -us *m.* groan, sigh, moan
gens -ntis *f.* tribe, clan, people
genuinus -a -um real, genuine
genus, generis *n.* birth, race, kind
gero -ere, gessi, gestum 3 bear, carry on, conduct; **res gestae** achievements
gigno -ere, genui, genitum 3 beget, be father of
gladiator -oris *m.* gladiator
gladius -ii *m.* sword
gloria -ae *f.* honour, fame, glory
glorior -ari -atus sum I *dep.* boast
gnarus -a -um knowing, with knowledge of
gradus -us *m.* step, pace, degree, rank
gratia -ae *f.* favour, esteem, thanks, gratitude
gratia *prep.* + *gen.* for the sake of
gratiosus -a -um pleasing, attractive
gratulor -ari -atus sum I *dep.* + *dat.* congratulate, rejoice
gratus -a -um pleasing, pleasant
gravis -is -e heavy, serious, pregnant
gravitas -tatis *f.* seriousness
gusto I taste
gymnicus -a -um gymnastic

H

habeo -ere -ui -itum 2 have, hold, consider
habilis -is -e handy, expert, skilled
habito 1 dwell in, live, inhabit
habitus -us *m.* dress, habit
haereo -ere, haesi, haesum 2 stick, cling to
harundo -inis *f.* reed
hasta -ae *f.* spear
haud *adv.* not, not at all
hebesco -ere 3 grow blunt, be dull, be dim
hem *exclam.* well! aha! alas!
herba -ae *f.* grass, herb
herbidus -a -um grassy
hereditas -tatis *f.* inheritance
heres -edis *c.* heir
hiberna -orum *n. pl.* winter-quarters
hic *adv.* here
hic, haec, hoc *demonstr. pro.* this, this man (my client), the former
hiemo 1 spend the winter
hiems -is *f.* winter
hinc *adv.* hence, after this
hisco -ere 3 yawn, gape, open
historia -ae *f.* history
hodie *adv.* today
homo -inis *m.* man, human being, fellow; *pl.* **homines** mankind
homunculus -i *m.* little man, manikin, weakly man
honestus -a -um upright, honourable
honor -oris *m.* honour, office (in the state)
honoro 1 honour, adorn with honour
hora -ae *f.* hour
horridus -a -um frightful, horrid
hortor -ari -atus sum 1 *dep.* encourage, exhort
hospes -itis *c.* guest, host, visitor, stranger
hospitium -i *n.* hospitality
hostilis -is -e hostile; *adv.* **hostiliter**
hostis -is *m.* enemy, foe, opponent
humanitas -tatis *f.* grace, kindness, humanity
humanus -a -um human, civilised
humerus -i *m.* shoulder
humilis -is -e lowly, humble

I

ibi *adv.* there
ico -ere, (ici), ictum 3 strike a blow
idem, eadem, idem *demonstr. pro.* same, similar
identidem *adv.* repeatedly
ideo *adv.* for that reason, therefore
idoneus -a -um suitable, fit, convenient
igitur *conj.* therefore, accordingly
ignarus -a -um unknowing, unaware, inexperienced
ignavia -ae *f.* cowardliness
ignis -is *m.* fire
ignominia -ae *f.* shame, disgrace
ignoro 1 be ignorant, be unaware
ignosco -ere -novi -notum 3 + *dat.* pardon, forgive
ilico *adv.* straightway, at once
ille -a -ud *demonstr. pro.* that man, that, former, the well-known
illic *adv.* in that place
illinc *adv.* from there
imaginor -ari -atus sum 1 *dep.* imagine, fancy
imbellis -is -e not given to fighting, unwarlike
imitor -ari -atus sum 1 *dep.* copy, imitate
immemor -oris + *gen.* unmindful of, forgetful
immo *conj.* on the contrary, no indeed, yes indeed
immobilis -is -e not moving, motionless
immortalis -is -e immortal
impedio 4 prevent
impeditus -a -um prevented, heavy-armed (of troops), difficult (of roads)
impendeo -ere 2 hang over, be imminent, threaten
imperata -orum *n. pl.* instructions, orders
imperator -oris *m.* general, commander, emperor
imperitus -a -um + *gen.* unskilled in, inexperienced in
imperium -i *n.* order, command, rule, empire
impero 1 + *dat.* order, command; (+ *acc. and dat.*) demand
impertio 4 share, communicate
impetro 1 obtain (a request), accomplish
impetus -us *m.* attack, onset

implico I enfold, envelop, entangle, implicate
importatus -a -um brought in, imported
improbus -a -um wicked, vile, unprincipled
improvisus -a -um unforeseen; **de improviso** unexpectedly
imprudens -entis unforeseeing, rash, reckless, off guard
imus -a -um foot, undermost, lowest
in *prep.* + *acc.* into; + *abl.* in
inanis -is -e empty, vacant, uninteresting
incarcero I imprison
incendium -i *n.* fire, burning
incendo -ere -cendi -censum 3 set fire to
incertus -a -um uncertain, doubtful, undecided
incido -ere, incidi, incasum 3 fall in, meet, encounter
incipio -ere -cepi -ceptum 3 begin
incitamentum -i *n.* inducement, incitement
incito I drive on, incite
inclino I incline
includo -ere -clusi -clusum 3 shut in, enclose
incognitus -a -um unknown
incola -ae *c.* inhabitant
incolo -ere -colui -cultum 3 cultivate, inhabit
incolumis -is -e safe
incredibilis -is -e incredible
increpo -are -crepui -crepitum I resound, rebuke, criticise
incresco -ere -crevi 3 grow, increase
incurro -ere -curri (-cucurri) -cursum 3 run into or against, incur
inde *adv.* from that place, from that time, after that
indicium -ii *n.* evidence
indico -ere -dixi -dictum 3 announce, declare
indignor -ari -atus sum I *dep.* regard as unworthy, be indignant
indignus -a -um unworthy
indo -ere -didi -ditum 3 set, apply, give to
induco -ere -duxi -ductum 3 lead in, bring in
industria -ae *f.* diligence, assiduity
ineo -ire -ii -itum go in, enter, begin
ineptus -a -um unsuitable, tasteless, silly
inermis -is -e unarmed
inertia -ae *f.* laziness, slackness
infamia -ae *f.* shame, disgrace
infans -ntis *c.* infant, young child
inferior -ior -ius lower
infero -ferre, intuli, illatum carry in, inflict
infestus -a -um unfriendly, hostile, infested
inficio -ere -feci -fectum 3 stain, infect
infimus -a -um lowest, least, worst
infinitus -a -um infinite, innumerable
infirmitas -tatis *f.* weakness
infirmus -a -um weak, feeble
infitior -ari I *dep.* deny
inflammo I inflame, set on fire
influo -ere -fluxi -fluctum 3 flow into
ingenium -ii *n.* nature, disposition
ingens -entis huge, large
ingratus -a -um unpleasant, displeasing, unresponsive
ingredior -i -gressus sum 3 *dep.* enter
inicio -ere -ieci -iectum 3 throw in
inimicitia -ae *f.* unfriendliness, animosity, hostility
inimicus -a -um unfriendly, hostile
inimicus -i *m.* enemy
iniquitas -tatis *f.* unfairness, unevenness
initium -i *n.* beginning
iniuria -ae *f.* wrong, damage, insult
iniussu *adv.* without the order
iniustus -a -um unjust
inlustro I bring to light
innoxius -a -um harmless
innumeri -ae -a innumerable
inopia -ae *f.* need, lack, scarcity
inopinans -antis not expecting
inquam I say; **inquis** you say; **inquit** he, she says
inquietus -a -um disturbed
inquiro -ere -quisivi -quisitum 3 search after, enquire
insanus -a -um unsound, mad
inscendo -ere -scendi -scensum 3 climb, ascend
inscribo -ere -scripsi -scriptum 3 write on, inscribe
insequor -i -secutus sum 3 *dep.* follow, pursue
insidiae -arum *f. pl.* ambush, snare, trap
insidior -ari -atus sum I *dep.* + *dat.* lie in wait for, ambush
insido -ere -sedi -sessum 3 sit in, settle

insignis -is -e remarkable, outstanding, eminent
insisto -ere -stiti 3 set foot on, enter on, persevere
inspicio -ere -spexi -spectum 3 look into
instar + *gen.* like
instituo -ere -stitui -stitutum 3 establish, set up, train
insto -are -stiti -statum 1 stand in or on, press
instruo -ere -struxi -structum 3 fix, appoint, determine
insuesco -ere -suevi -suetum 3 become accustomed
insula -ae *f.* island
insulanus -i *m.* islander
intellego -ere -lexi -lectum 3 understand, realise
intemperies -ei *f.* intemperate behaviour
inter *prep.* + *acc.* between, among, during
intercedo -ere -cessi -cessum 3 go or come between, elapse
intercludo -ere -clusi -clusum 3 cut off
interdiu *adv.* during the day
interdum *adv.* sometimes
interea *adv.* meanwhile
intereo -ire -ii -itum die, perish
interficio -ere -feci -fectum 3 kill
interim *adv.* meanwhile
interior -ior -ius interior, inner
interitus -us *m.* death
intermitto -ere -misi -missum 3 leave off, omit
interquiesco -ere -quievi -quietum 3 rest in between, pause
interrogo 1 ask, question
intersum -esse -fui be between; + *dat.* take part in; **interest** *impers. vb.* it is of interest
intestinus -a -um internal
intimus -a -um inmost
intra *prep.* + *acc.* to the inside, within
intro 1 enter
introeo -ire -ii (-ivi) -itum go inside, enter
intueor -eri -tuitus sum 2 *dep.* look on or at, see
intus *adv.* within
inundatio -onis *f.* flood
inutilis -is -e useless, futile, pointless
invado -ere -vasi -vasum 3 go in, invade
invalidus -a -um weak, powerless
invenio -ire -veni -ventum 4 find
invictus -a -um undefeated
invideo -ere -vidi -visum 2 + *dat.* envy, be jealous of
invidia -ae *f.* envy, jealousy, unpopularity
invidus -a -um envious, jealous, grudging
invisus -a -um hated, detested
invito 1 invite
invitus -a -um unwilling
ipse -a -um *emphatic pro.* self, very
ira -ae *f.* anger, wrath
iracundia -ae *f.* wrathfulness, anger
iracundus -a -um angry
irascor -i, iratus sum 3 *dep.* become angry
is, ea, id *demonstr. pro.* he, she, it, that
iste -a -ud (-uc) *demonstr.* that of yours
ita *adv.* so
itaque *adv.* and so, therefore, accordingly
item *adv.* likewise
iter, itineris *n.* journey, way, march
iterum *adv.* again, for the second time

iaceo -ere -ui 2 lie
iacio -ere, ieci, iactum 3 throw
iacto 1 throw, cast, display arrogantly
iactura -ae *f.* loss, sacrifice
iam *adv.* now, already
iamdudum *adv.* long since before, now for a long time
ianua -ae *f.* door
iubeo -ere, iussi, iussum 2 order
iucundus -a -um pleasant, pleasing
iudex -icis *m.* judge
iudicium -i *n.* judgment, court of law
iudico 1 judge, estimate, consider
iugulo 1 cut the throat, slay, kill
iugum -i *n.* yoke, saddle
iumentum -i *n.* baggage-animal
iungo -ere -nxi -nctum 3 join
iure *adv.* rightly, justly
iurgiosus -a -um quarrelsome
ius, iuris *n.* law, justice, right
iusiurandum, iurisiurandi *n.* oath
iussu *adv.* by order
iustus -a -um just, fair, right
iuvenis -is *m.* youth, young man
iuventus -tutis *f.* youth
iuvo -are, iuvi, iutum 1 help, assist
iuxta *prep.* + *acc.* near

L

labefacto 1 make to fall, weaken, bring down
labo 1 slip, fall, sag
labor -oris *m.* labour, work, distress
labor -i, lapsus sum 3 *dep.* slip, slide, fail
laboro 1 work, be in distress
labrum -i *n.* lip, basin, vat
lac, lactis *n.* milk
lacrima -ae *f.* tear
lacrimo 1 shed tears
lacus -us *m.* lake
laetitia -ae *f.* joy, happiness
laetus -a -um glad, joyful, happy
laevus -a -um on the left, wrong, foolish
laguncula -ae *f.* small flask
lambo -ere -bi -bitum 3 lick, lap, wash
languor -oris *m.* faintness, listlessness
lapis -idis *m.* stone, milestone
latebrae -arum *f. pl.* hiding-place
lateo -ere -ui 2 lie hid
latericius -a -um made of brick
latus -a -um broad, wide
latus -eris *n.* side, flank
laudo 1 praise
laus, laudis *f.* praise
lautus -a -um washed, refined, elegant
laxo 1 release, slacken, loosen
lectio -onis *f.* reading
lectus -i *m.* bed, couch
legatio -onis *f.* embassy
legatus -i *m.* officer, lieutenant, envoy
legio -onis *f.* legion
lego -ere, legi, lectum 3 gather, pick, read
lenis -is -e gentle, kindly
lenitas -tatis *f.* gentleness, smoothness
leo -onis *m.* lion
lepidus -a -um fine, tasteful, subtle
lepus -oris *m.* hare
levis -is -e light, fickle, trivial, of no importance
levitas -tatis *f.* lightness, levity, fickleness
levo 1 lighten, raise, relieve
lex, legis *f.* law, condition
libellus -i *m.* little book, pamphlet
libenter *adv.* gladly
liber -era -erum free
liber -ri *m.* book
liberatio -onis *f.* liberation
liberi -orum *m. pl.* children
libero 1 free, liberate
libertus -i *m.* freedman
libet -ere -uit 2 *impers. vb.* + *dat.* it pleases
libido -inis *f.* lust, lewdness
licet -ere -uit (licitum est) 2 *impers. vb.* + *dat.* it is allowed or permitted
lictor -oris *m.* lictor, attendant (on magistrates)
limen -inis *n.* threshold
lingua -ae *f.* tongue, language
linter -tris *f.* boat
lippus -a -um blear-eyed, inflamed
littera -ae *f.* letter (of alphabet); *pl.* **litterae -arum** epistle, dispatch, records
litus -oris *n.* shore
loco 1 place, put in position
loculus -i *m.* purse
locuples -letis rich
locus -i *m.* place
longinquus -a -um distant, remote, prolonged
longitudino -inis *f.* length, longitude
longiusculo *adv.* by quite a distance
longus -a -um long
loquor -i -cutus sum 3 *dep.* speak, talk
luctus -us *m.* grief, mourning
ludibrium -i *n.* mockery, jest, laughing-stock
ludo -ere, lusi, lusum 3 play, sport
ludus -i *m.* game, school
lugubris -is -e mourning, mournful
lumen -inis *n.* light; *pl.* **lumina** eyes
luna -ae *f.* moon
luo -ere -lui 3 loosen, free, atone
lupa -ae *f.* she-wolf
lux -cis *f.* light, light of one's life

M

maceratio -onis *f.* weakness, thinness
macero 1 weaken, waste away
macies -ei *f.* leanness, thinness
macto 1 kill
maereo -ere -ui 2 lament, mourn, grieve
maeror -oris *m.* grief, mourning
maestus -a -um mournful, sorrowful
magis *compar. adv.* rather, more
magister -ri *m.* schoolmaster, master
magistratus -us *m.* magistrate, magistracy
magnitudo -inis *f.* greatness, large size, magnitude
magnus -a -um big, large, important; *adv.* **magnopere** greatly

maiestas -tatis *f.* greatness, majesty
maiores -um *m. pl.* ancestors
malae -arum *f. pl.* cheeks
maleficium -i *n.* wicked deed, evildoing
malo, malle, malui *irreg. vb.* prefer
malum -i *n.* evil, wrong, misfortune
mandata -orum *n. pl.* instructions
mando 1 commit to, order
mane *adv.* in the morning
maneo -ere, mansi, mansum 2 remain, stay
manifestus -a -um clear, evident
manus -us *f.* hand, band of men, handwriting
mare -is *n.* sea, ocean
maritimus -a -um maritime
maritus -i *m.* husband
marmor -oris *n.* marble, marble statue
marmoreus -a -um made of marble
mater -ris *f.* mother
matrimonium -i *n.* marriage, matrimony
matrona -ae *f.* matron
maturo 1 ripen, hasten
mediocris -is -e moderate, mediocre, of reasonable size
meditor -ari -atus sum 1 *dep.* ponder, think on
medius -a -um in the centre or middle, middling
memini -isse *defect. vb.* + *gen.* remember
memor -oris + *gen.* mindful, remembering
memoria -ae *f.* memory, recollection
mendacium *m.* falsehood, lie
mens, mentis *f.* mind
mensis -is *m.* month
mentio -onis *f.* mention
mercator -oris *m.* merchant, trader
mereor, mereri, meritus sum 2 *dep.* deserve, merit
meridianus -a -um at midday
meridies -iei *f.* midday, the South
metuo -ere -ui 3 fear
metus -us *m.* fear
meus -a -um my, mine
miles -itis *m.* soldier
militaris -is -e military
militia -ae *f.* military service
mille *numeral* 1000; *pl.* **milia**
mimicus -a -um farcical
minaciter *adv.* threateningly, menacingly
minus *adv.* less; **si minus** if not
minutus -a -um small, minute
miror -ari -atus sum 1 *dep.* wonder, wonder at
miser -era -erum wretched, unhappy
miserabilis -is -e pitiable
misereor -eri, miseritus sum 2 *dep.* + *gen.* pity
miseriae -arum *f. pl.* wretchedness, unhappiness
mitto -ere, misi, missum 3 send, let go
moderatio -onis *f.* moderation
modestus -a -um moderate, sober
modo *adv.* only; *conj.* + *subj.* provided that
modus -i *m.* way, method, kind, limit
moenia -ium *n. pl.* walls
molestia -ae *f.* troublesomeness, vexatiousness
molestus -a -um troublesome, annoying
molior -iri -itus sum 4 *dep.* strive hard for, try
mollis -is -e soft, tender, gentle
moneo -ere -ui -itum 2 advise
monumentum -i *n.* memorial, monument
morbus -i *m.* disease, illness
mordeo -ere, momordi, morsum 2 bite
moribundus -a -um dying
morior -i, mortuus sum 3 die
moror -ari -atus sum 1 *dep.* delay (*trans. and intrans.*), wait; **nihil morari** to care nothing for
morosus -a -um fretful, captious, nagging
mors -tis *f.* death
morsus -us *m.* bite
mortalis -is -e mortal
mos, moris *m.* custom, habit; *pl.* **mores** character, morals
moveo -ere, movi, motum 2 move
mox *adv.* soon
muliebris -is -e belonging to a woman, female
mulier -eris *f.* woman
muliercula -ae *f.* poor woman
multitudo -inis *f.* crowd, large number
multo 1 punish
multus -a -um much; *advs.* **multum, multo**
munio 4 fortify
munitio -onis *f.* fortification
munus -eris *n.* duty, gift, honour, public spectacle

murus -i *m.* wall
muto 1 change

N

nam *conj.* for
nanciscor -i, nactus sum 3 *dep.* obtain, get, reach
narro 1 tell, relate, recount
nascor -i, natus sum 3 *dep.* be born, be found
natio -onis *f.* race, people
natura -ae *f.* nature
naufragium -i *n.* shipwreck, wreck
naufragus -i *m.* shipwrecked person, low person
navalis -is -e naval
navigo 1 sail
navis -is *f.* ship
ne *conj.* so that not, lest
-ne *enclitic interrog. particle*
nec *conj.* and not; **nec . . . nec** neither . . . nor
necessarius -a -um necessary; *pl.* **necessarii** relatives
necessitas -tatis *f.* need, necessity, tie of friendship
neco 1 kill
neglegens -ntis careless
neglego -ere -lexi -lectum 3 neglect, ignore
nego 1 deny, refuse
negotium -i *n.* business
nemo, *gen.* **nullius,** *dat.* **nulli** *c.* no one, nobody
nemus -oris *n.* grove, wood
nepos -otis *m.* grandson, nephew, descendant
neque *conj.* and not; **neque . . . neque** neither . . . nor
nequiquam *adv.* in vain
nescio 4 not to know, be unaware; **nescioquis** someone or other; **nescio quomodo** somehow or other
neu *conj.* and lest (= **et ne**)
neuter -ra -rum neither of two
neve *conj.* = **neu**
ni = **nisi** *conj.* if not, unless
nihil *indecl. noun* nothing
nihilo *adv.* by no means, by nothing
nihilominus *adv.* nonetheless, notwithstanding
nil = **nihil;** *used also as adv.* in no respect
nimis *adv.* too much, excessively
nisi *conj.* if not, unless
nitor -i, nisus (nixus) sum 3 lean, strive
nix, nivis *f.* snow
nobilis -is -e renowned, noted, noble; *pl.* **nobiles** aristocracy
nobilitas -tatis *f.* the nobility
noceo -ere -ui -itum 2 + *dat.* hurt, injure
noctu *adv.* by night
nocturnus -a -um in or during the night
nolo, nolle, nolui be unwilling, refuse
nomen -inis *n.* name
nondum *adv.* not yet
nonnulli -ae -a some, several
nonnumquam *adv.* sometimes
nosse = **novisse** to know
noster -ra -rum our, ours
notitia -ae *f.* knowledge
notus -a -um known, well-known
novies *adv.* nine times
novus -a -um new, strange
nox, noctis *f.* night
nubes -is *f.* cloud
nubo -ere, nupsi, nuptum 3 + *dat.* marry (of the woman)
nudus -a -um uncovered, naked
nullus -a -um no, none
num *conj.* whether, if; *interrog.* surely not?
numerus -i *m.* number
nummus -i *m.* coin, money
numquam *adv.* never
nuncupo 1 call by name, name publicly as heir
nuntio 1 announce, report
nuntius -i *m.* messenger, message
nuper *adv.* recently
nuptiae -arum *f. pl.* wedding
nutrio 4 nourish

O

o *exclam.* Oh!
ob *prep.* + *acc.* on account of
obduco -ere -duxi -ductum 3 draw before, draw
obeo -ire -ii -itum die
obicio -ere -ieci -iectum 3 throw against, face
obitus -us *m.* death
obliviscor -i, oblitus sum 3 *dep.* + *gen.* forget
obnoxius -a -um subject to, liable to, exposed to

obscurus -a -um dark, obscure
obsecro 1 beg, entreat
obses -sidis *c.* hostage
obsideo -ere -sedi -sessum 2 besiege
obtineo -ere -tinui -tentum 2 hold, occupy, acquire
obtrunco 1 cut down, slay
obviam *adv.* in the way; **obviam ire** + *dat.* to go to meet
obvius -a -um in the way
occasio -onis *f.* chance, opportunity
occasus -us *m.* falling, setting
occido -ere -cidi -casum 3 fall
occulto 1 conceal, hide
occumbo -ere -cubui -cubitum 3 go down, fall in, meet
occupo 1 seize, occupy
occurro -ere -curri -cursum 3 + *dat.* run up to, meet
oculus -i *m.* eye
odi, odisse *defect. vb.* hate
odium -i *n.* hatred, loathing
offendo -ere -fendi -fensum 3 strike against, offend
offensio -ionis *f.* hurt, offence
offero, -ferre, obtuli, oblatum put in way of, offer
officiosus -a -um dutiful, loyal
officium -i *n.* duty, service, obligation, loyalty
olim *adv.* once, sometimes, sometime
omen -inis *n.* omen
omitto -ere -misi -missum 3 lose, omit
omnino *adv.* completely, altogether, in all
onerarius -a -um; navis oneraria merchant vessel
onus -eris *n.* load, burden
opacus -a -um dark, obscure, shady
opes -um *f.* resources, wealth, power
opinio -onis *f.* belief, opinion
oportet -ere -uit 2 *impers. vb.* ought; **me oportet ire** I ought to go
oppidum -i *n.* town
oppono -ere -posui -positum 3 put against, put in way of
opportunus -a -um opportune, suitable
opprimo -ere -pressi -pressum 3 overwhelm, surprise
(ops), opis *f.* (*nomin. not found*) means, help, power; *pl.* wealth, resources
optimates -ium *m.* the aristocratic party
opto 1 desire, long for
opulentus -a -um rich, splendid
opus -eris *n.* work, task, need
ora -ae *f.* shore, coast
oratio -onis *f.* a speech, oration
orbis -is *m.* circle, ring; **orbis terrarum** the world
orchestra -ae *f.* orchestra
ordeum -i *n.* barley
ordino 1 put in order, arrange, regulate
ordo -inis *m.* rank, order, line, row
origo -inis *f.* beginning, source, lineage
orior -iri, ortus sum 4 *dep.* rise, spring from, be born
ornamentum -i *n.* equipment, trappings, decoration
orno 1 adorn, furnish, equip
oro 1 beg, entreat, pray
ortus -us *m.* rising
os, oris *n.* mouth, lip, face; *pl.* **ora** features
ostendo -ere -tendi -tensum (-tentum) 3 show, exhibit, disclose
otium -i *n.* leisure, ease; *pl.* **otia** leisurely pursuits
ovans -antis exulting, triumphing

P

pabulator -oris *m.* forager
pabulor -ari -atus sum 1 *dep.* seek fodder, forage
paco 1 pacify, subdue
paedagogus -i *m.* pedagogue, slave (accompanying children to school)
paene *adv.* almost, nearly
palam *adv.* openly
palatium -i *n.* palace
paludamentum -i *n.* cloak
palus -udis *f.* marsh
panarium -i *n.* bread-basket
panis -is *m.* bread
par, paris equal
parco -ere, peperci, parsum 3 + *dat.* spare
parcus -a -um sparing, stingy
parens -entis *c.* parent
pareo -ere -ui 2 + *dat.* obey
pario -ere, peperi, partum 3 produce, gain, win
pariter *adv.* equally, on equal footing
paro 1 prepare, make ready
pars, partis *f.* part, direction; *pl.* **partes** party (in the state)
particeps -cipis sharing in

partim *adv.* partly
parvulus -a -um small, insignificant
passim *adv.* spread about, everywhere
passus -us *m.* pace, step
pastor -oris *m.* shepherd
patefacio -ere -feci -factum 3 lay open, reveal
pateo -ere -ui 2 lie open, be revealed
pater -ris *m.* father; **paterfamilias** father of the household
patior -i, passus sum 3 *dep.* suffer, endure, allow
patria -ae *f.* native land
patrius -a -um of one's father
patronus -i *m.* defender, protector, advocate
pauci -ae -a few
paulatim *adv.* little by little, gradually
paulisper *adv.* for a short time
paululum *adv.* a very little
paulum *adv.* a little; *abl.* **paulo**
pauper -eris poor
pax, pacis *f.* peace
pecunia -ae *f.* money
pecus -oris *n.* cattle, herd
pedes -itis *m.* foot-soldier
pedester -ris -re on foot, pedestrian
peditatus -us *m.* infantry
pellis -is *f.* skin, pelt
pello -ere, pepuli, pulsum 3 drive, drive off
pendo -ere, pependi, pensum 3 weigh, pay, consider
penitus *adv.* deeply, utterly
per *prep.* + *acc.* through, by means of
percipio -ere -cepi -ceptum 3 get, feel, understand
percontor -ari -atus sum 1 *dep.* ask, interrogate
perditus -a -um lost, abandoned, depraved
perdo -ere -didi -ditum 3 lose, destroy
perduco -ere -duxi -ductum 3 lead through, take through
pereo -ire -ii perish, die
perfero -ferre -tuli -latum carry through; **perfertur** news is brought
perficio -ere -feci -fectum 3 finish, complete
perfungor -i -functus sum 3 *dep.* + *abl.* perform, complete
pergo -ere, perrexi, perrectum 3 go on, proceed
periculum -i *n.* danger, risk
peritus -a -um + *gen.* experienced in, skilled in
permaneo -ere -mansi -mansum 2 remain
permitto -ere -misi -missum 3 allow, entrust, grant
permoveo -ere -movi -motum 2 move, disturb
pernicies -iei *f.* ruin, destruction
perniciosus -a -um ruinous, destructive
perpauci -ae -a very few
perpetior -i -pessus sum 3 *dep.* suffer, endure
perpetro 1 accomplish, complete
perpetuus -a -um continuous, in unbroken sequence
perrumpo -ere -rupi -ruptum 3 burst through, break through
persaepe *adv.* often, very often
perscribo -ere -scripsi -scriptum 3 write
persequor -i -secutus sum 3 *dep.* follow, pursue
persevero 1 continue, persevere
perspecto 1 see to the end
perspicio -ere -spexi -spectum 3 see, examine, ascertain
perspicuus -a -um clear
persuadeo -ere -suasi -suasum 2 + *dat.* persuade
perterreo -ere -ui -itum 2 frighten, terrify
pertimesco -ere -timui 3 begin to fear, fear
pertineo -ere -ui 2 stretch, extend to
pertinet *impers. vb.* it pertains, it concerns
perturbo 1 upset, disturb, confuse
pervenio -ire -veni -ventum 4 arrive, reach
pes, pedis *m.* foot
pestis -is *f.* plague, pest
peto -ere, petii(-ivi), petitum 3 seek, ask, attack, make for
petulantia -ae *f.* sauciness, petulance
philosophus -i *m.* philosopher
pietas -tatis *f.* loyalty, devotion, piety
pila -ae *f.* ball, sphere
pinguis -is -e rich, fat
pirata -ae *m.* pirate
pius -a -um holy, pious
placeo -ere -ui -itum 2 + *dat.* please

placet *impers. vb.* + *dat.* it pleases, it is resolved
placidus -a -um calm, peaceful
placo 1 appease
planus -a -um level, flat, clear
plebs -bis *f.* common people
plenus -a -um full
plerique -aeque -aque most
plerumque *adv.* generally, for the most part
plumbum -i *n.* lead
poena -ae *f.* penalty, punishment
polliceor -eri -icitus sum 2 *dep.* promise
pondus -eris *n.* weight
pono -ere, posui, positum 3 place
pons, pontis *m.* bridge
pontifex -icis *m.* high-priest
popularis -is -e of the people, popular; *noun* = fellow-countryman
populor -ari -atus sum 1 *dep.* lay waste, devastate
populus -i *m.* people
porta -ae *f.* gate
porto 1 carry, bear
portus -us *m.* harbour
posco -ere, poposci 3 ask, demand
possibilis -is -e possible
possideo -ere -sedi -sessum 2 possess
possum, posse, potui be able, be powerful
post *prep.* + *acc.* after, behind
postea *adv.* afterwards, after that
post(ea)quam *conj.* after
posteritas -tatis *f.* posterity
posterus -a -um following, next; *superl.* **postremus**
posthac *adv.* after this
postquam *conj.* after
postridie *adv.* on the following day
postulo 1 demand
potens, potentis powerful, influential
potentia -ae *f.* influence, power
potestas -tatis *f.* power
potio -onis *f.* drink, potion
potior -iri, potitus sum 4 *dep.* + *abl.* gain possession of
potior -ior -ius preferable
potius *compar. adv.* rather
prae *adv. and prep.* + *abl.* before, in comparison with, on account of
praebeo -ere -ui -itum 2 afford, provide
praeceps -cipitis headlong, impetuous
praecipio -ere -cepi -ceptum 3 teach instruct
praecipue *adv.* especially
praecipuus -a -um special, particular, excellent
praeclarus -a -um famous, distinguished
praeda -ae *f.* booty, spoil
praeditus -a -um endowed, gifted with (+ *abl.*)
praedium -i *n.* farm, estate
praedor -ari -atus sum 1 *dep.* plunder
praeficio -ere -feci -fectum 3 appoint, put in charge
praefigo -ere -fixi -fixum 3 fix in front
praegusto 1 taste beforehand
praemitto -ere -misi -missum 3 send ahead
praemium -i *n.* reward, prize
praesens -entis present
praesentia -ae *f.* presence; **in praesentia** for the present
praesertim *adv.* especially
praeses -idis *m.* protector, ruler, chief
praesidium -i *n.* garrison, guard, protection
praesto *adv.* at hand, present
praesto -are -stiti -statum 1 stand forth, fulfil, show, obtain
praesum -esse -fui + *dat.* be at head of
praeter *prep.* + *acc.* beyond, except, along, past, contrary to
praetereo -ire -ii -itum pass by, omit, ignore
praetermitto -ere -misi -missum 3 pass by
praeterquam *adv.* beyond, besides, except
praetextatus -a -um clad in the toga praetexta
praetor -oris *m.* praetor
praetura -ae *f.* praetorship
preces -ium *f. pl.* prayers, entreaties
precor -ari -atus sum 1 *dep.* pray, entreat
premo -ere, pressi, pressum 3 press, bear down on
pretium -i *n.* price, cost
pridem *adv.* long since
pridie *adv.* on the day before
primarius -a -um chief, remarkable, excellent
primores -um *m. pl.* leading men
primus -a -um first; *adv.* **primo** at first; *adv.* **primum** in the first place
princeps -cipis *m.* leader; *adj.* leading

principium -i *n.* beginning, origin
priscus -a -um former
pristinus -a -um former, olden
prius *adv.* before, formerly
priusquam *conj.* before, until
privatim *adv.* privately
privatus -a -um private, in a private capacity
pro *prep. + abl.* in front of, on behalf of, instead of, in return for, in proportion to
probo I try, test, approve
probus -a -um upright, worthy, noble
proclamatio -onis *f.* proclamation
proconsularis -is -e proconsular
procrastino I put off, postpone
procul *adv.* afar off
proditio -onis *f.* treachery
prodo -ere -didi -ditum 3 produce, report, betray
produco -ere -duxi -ductum 3 lead forth, bring forward, prolong
proelium -i *n.* battle, fight
profectio -onis *f.* departure, start
profero -ferre -tuli -latum carry forward, produce
proficiscor -i -fectus sum 3 *dep.* set out, depart, start
profiteor -eri -fessus sum 2 *dep.* declare openly
profugio -ere -fugi -fugitum 3 flee from, run away, escape
profundus -a -um deep
progredior -i -gressus sum 3 *dep.* advance, proceed
prohibeo -ere -ui -itum 2 prevent, hinder
proicio -ere -ieci -iectum 3 cast in front, throw down
proinde *adv.* just so, in like manner
promissum -i *n.* promise
promissus -a -um long (of hair)
promitto -ere -misi -missum 3 promise
promo -ere, prompsi, promptum 3 draw forth, produce
promoveo -ere -movi -motum 2 move forward
promptus -us *m.* readiness
pronuntio I proclaim, give out (information)
propago I extend
prope *prep. + acc.* near, beside; *adv.* nearly, almost
propello -ere -puli -pulsum 3 drive forward
propere *adv.* quickly, hastily
propinquus -a -um near, related; *pl.* **propinqui -orum** *m.* relatives
propono -ere -posui -positum 3 put forward, propose
proprius -a -um special, personal, proper, one's own
propter *prep. + acc.* on account of
propterea *adv.* therefore, on that account
propugno I fight for, defend, rush out to fight
prorsus *adv.* truly
prosequor -i -secutus sum 3 *dep.* follow, escort, accompany
prosperus -a -um prosperous
prospicio -ere -spexi -spectum 3 look forward, look out
prosterno -ere -stravi -stratum 3 throw on the ground
prosum, prodesse, profui + *dat.* benefit
protinus *adv.* right on, forthwith
provideo -ere -vidi -visum 2 foresee, provide
provincia -ae *f.* province
proximus -a -um next, nearest
prudens -entis wise, prudent
prudentia -ae *f.* foresight, prudence
puber -eris *adj.* adult, grown-up
publice *adv.* publicly, openly
publico I confiscate
pudicus -a -um modest, chaste, pure
pudor -oris *m.* sense of shame, modesty
puella -ae *f.* girl, maiden
puer -eri *m.* boy; **puerulus -i** *m. dimin.* small boy
pugillares -ium *m.* writing-tablets
pugna -ae *f.* battle, fighting
pugno I fight
pulcher -ra -rum beautiful, lovely, fine
pulchritudo -inis *f.* beauty
pullati -orum *m. pl.* common people
pulsatio -onis *f.* knocking
pulso I knock at
purgo I cleanse, purge
puto I think, consider

Q

qua *adv.* where
quacumque *adv.* wherever
quadriennium -i *n.* space of four years
quadrimus -a -um four years old

quaero -ere, quaesivi, quaesitum 3 ask, seek, enquire
quaestor -oris *m.* quaestor
qualis -is -e of what kind
quam *adv. and interrog.* how, than, as
quamdiu *relat.* as long as
quamobrem *adv.* therefore
quamquam *conj.* although, and yet
quamvis *conj.* although
quando *interrog.* when?; *conj.* since
quanto *adv.* by how much?
quantum *adv.* how much? to what extent? as far as
quantus -a -um how great?
quare why?; **qua re** wherefore
quasi *conj.* as if
-que *enclitic* and
quemadmodum *adv.* how
queo -ire -ivi (ii) -itum be able
queror -i, questus sum 3 *dep.* complain
qui, quae, quod *relat. pro.* who, which
quia *conj.* because
quicumque, quaecumque, quodcumque *pro.* whoever
quid what? why?
quidam, quaedam, quoddam *pro.* some, a certain
quidem *adv.* even, indeed
quies -etis *f.* rest, quiet, peace
quilibet, quaelibet, quodlibet *pro.* anyone at all
quin *interrog. and conj.* why not?; nay, nay more; *with subj.* but that, without
quinquennalis -is -e five-yearly, quinquennial
quis, quis, quid *interrog.* who? what?; **ne quis (quid)** lest anyone (anything)
quisquam, quaequam, quidquam (quicquam) *pro.* anyone
quisque, quaeque, quidque *pro.* each
quisquis, quisquis, quidquid *pro.* whosoever, whatsoever, everyone, everything
quivis, quaevis, quodvis *pro.* anyone at all
quo *relat. and interrog.* to the place which, to what place?
quo *conj.* because; **non quo** (+*subj.*) **. . . sed quod** (+*indic.*)
quod *conj.* because; **quod si** but if
quomodo *adv.* how? in what way?
quondam *adv.* formerly, once
quoniam *conj.* since
quoque *conj.* also, too
quot *adv.* how many?; **quotquot** as many as
quoties (quotiens) *adv.* how often?

R

rado -ere, rasi, rasum 3 scrape, shave
rapio -ere, rapui, raptum 3 seize, snatch, draw
rarus -a -um scattered, thin, scanty, occasional
rates -is *f.* boat, ship
ratio -onis *f.* reason, account, way, method
rationarium -i *n.* book of accounts
ratis -is *f.* ship, craft (*acc.* **ratim**)
rebellio -onis *f.* uprising, rebellion
recipio -ere -cepi -ceptum 3 take back, withdraw, recover
recognosco -ere -novi -nitum 3 go back over, review
recondo -ere -didi -ditum 3 hide, conceal
recordatio -onis *f.* recollection, remembrance
recrudesco -ere -crudui 3 break open afresh
rectus -a -um straight, right, direct
recumbo -ere -cubui 3 lie down, recline
recupero 1 recover, receive back
recurro -ere -curri -cursum 3 run back, recur
recuso 1 refuse, object
reddo -ere -didi -ditum 3 give back, restore
redeo -ire -ii -itum return
redemptio -onis *f.* buying back, ransoming, redemption
redimo -ere -demi -demptum 3 buy back, ransom
redintegro 1 renew
reditio -onis *f.* return
reditus -us *m.* return, revenue
reduco -ere -duxi -ductum 3 lead back, bring back
refero -ferre, retuli, relatum carry or bring back, refer, relate; *impers. vb.* it matters, it concerns
reficio -ere -feci -fectum 3 make again, repair
refugio -ere -fugi -fugitum 3 recoil from
regina -ae *f.* queen

regio -onis *f.* district, region
regius -a -um royal
regno 1 reign, rule
regnum -i *n.* kingdom, sovereignty
rego -ere, rexi, rectum 3 rule, direct
reicio -ere -ieci -iectum 3 throw back, reject, refer to
relego 1 put aside, send away, reject
relevo 1 lighten, relieve
religio -onis *f.* religious ceremony, rite, faith
relinquo -ere -liqui -lictum 3 leave, abandon
reliquus -a -um remaining, left, rest
remetior -iri, remensus sum 4 *dep.* go back, traverse again
reminiscor -i 3 *dep.* recollect, remember
remissior -ior -ius less keen, too slack
remitto -ere -misi -missum 3 send back, slacken
remotus -a -um moved back, distant from, far from
removeo -ere -movi -motum 2 move back, dislodge
remus -i *m.* oar
renuntio 1 bring back news
reor, reri, ratus sum 2 *dep.* think, consider, reckon
repello -ere, reppuli, repulsum 3 drive back, repel
rependo -ere -pendi -pensum 3 pay back, recompense
repente *adv.* suddenly, unexpectedly
repentinus -a -um sudden, unexpected
reperio -ire, repperi, repertum 4 find, discover
repeto -ere -petii -petitum 3 seek again, recall, retrace
repo -ere, repsi, reptum 3 creep, crawl
repono -ere -posui -positum 3 place back
reporto 1 bring back, carry back
reprehendo -ere -endi -ensum 3 find fault with, blame
reprobus -a -um unworthy, contemptible
reputo 1 reckon, calculate
res, rei *f.* thing, matter, affair
rescindo -ere -scidi -scissum 3 break down
rescribo -ere -scripsi -scriptum 3 reply in writing
resideo -ere -sedi 2 sit back, remain, reside, recount
resisto -ere -stiti 3 + *dat.* resist, make a stand
resolvo -ere -solvi -solutum 3 melt, dissolve, break
respicio -ere -spexi -spectum 3 look back on, regard
respondeo -ere -spondi -sponsum 2 answer, reply
responsum -i *n.* answer
restituo -ere- stitui -stitutum 3 restore, re-establish
resto -are -stiti 1 stop behind, be left; *impers. vb.* **restat** it remains
rete -is *n.* net
retineo -ere -tinui -tentum 2 hold back, retain
retro *adv.* backwards, behind
reus -i *m.* accused person
revello -ere -velli -vulsum 3 pluck out, pull out
reverto -ere -verti -versum 3 turn back
revoco 1 recall
rex, regis *m.* king
rideo -ere, risi, risum 2 laugh, laugh at
ridiculus -a -um farcical
ripa -ae *f.* bank
robustus -a -um strong, sturdy
rogo 1 ask, request; **legem rogare** to propose a law
rosa -ae *f.* rose
rudis -is -e rough, uncouth, inexperienced
ruina -ae *f.* fall, ruin, downfall
ruinosus -a -um ruined, collapsed
rumor -oris *m.* rumour, talk
rumpo -ere, rupi, ruptum 3 burst, break
ruo -ere, rui, rutum 3 tumble down, rush, hurry
rursus *adv.* again

S

sacer -ra -rum sacred, holy
sacerdos -dotis *c.* priest, priestess
sacrarium -i *n.* shrine, sanctuary
saepe *adv.* often; *also* **saepenumero**
saepio -ire, saepsi, saeptum 4 enclose, block up
saevus -a -um cruel, savage
sagitta -ae *f.* arrow

saltus -us *m.* pass, ravine
salus -utis *f.* safety
salutatio -onis *f.* greeting
saluto 1 greet, hail
salvo 1 save, rescue
salvus -a -um safe, sound, healthy
sancio -ire, sanxi, sanctum 4 appoint, decree, ordain
sanctitas -tatis *f.* virtue
sanctus -a -um sacred, holy
sanguis -inis *m.* blood
sano 1 heal, cure
sanus -a -um sound, healthy
sapiens -entis wise
sapientia -ae *f.* wisdom
sapio -ere -ii (-ivi) 3 have sense, be wise
satelles -itis *c.* attendant, assistant; *pl.* retinue
satio 1 satisfy
satis *adv.* enough; *compar.* **satius** better
satis facere + *dat.* do enough, satisfy
saxum -i *n.* rock, stone
scaber -ra -rum rough, scurfy
scapha -ae *f.* light boat, skiff
scateo -ere -ui 2 gush, teem
sceleratus -a -um accursed, abominable
scelestus -a -um wicked, unfortunate
scelus -eris *n.* crime, wicked deed
scientia -ae *f.* knowledge, skill
scilicet *adv.* doubtless, no doubt
scio 4 know
scitor -ari -atus sum 1 *dep.* ask, inquire
scribo -ere, scripsi, scriptum 3 write
secedo -ere -cessi -cessum 3 go apart, separate
secerno -ere -crevi -cretum 3 divide, separate
secretus -a -um secret, hidden
secundum *prep.* + *acc.* following, according to, after
secundus -a -um following, second, favourable
securus -a -um free from care, untroubled
secus *indecl. noun n.* sex
sed *conj.* but
sedeo -ere, sedi, sessum 2 sit, sit down
sedes -is *f.* seat, chair
sedile -is *n.* seat, bench, chair
seditio -onis *f.* rebellion, revolt
sedulo *adv.* diligently
seges -etis *f.* crop, cornfield, standing corn
seiungo -ere -iunxi -iunctum 3 separate
sella -ae *f.* seat, chair
semel *adv.* once
semen -inis *n.* seed
sementis -entis (*and pl.*) *f.* sowing
seminudus -a -um half naked
semivivus -a -um half-alive, half-dead
semper *adv.* always
senator -oris *m.* senator
senatus -us *m.* senate
senectus -tutis *f.* old age
senex, senis *noun and adj.* old man, old
sensus -us *m.* feeling, sense
sententia -ae *f.* feeling, opinion, thought, vote, proposal
sentio -ire, sensi, sensum 4 feel, think, perceive
septentriones -um *m.* the North
septies *adv.* seven times
septingenti -ae -a seven hundred
septuagesimus -a -um seventieth
sepulchrum -i *n.* tomb, burial place
sequor -i, secutus sum 3 *dep.* follow
sericus -a -um made of silk
sermo -onis *m.* speech, talk, conversation
sermocinor -ari -atus sum 1 *dep.* talk with, converse
sertum -i *n.* garland
serus -a -um late
servio 4 + *dat.* be a slave to, serve
servitus -tutis *f.* slavery
servo 1 save, rescue, keep, follow closely
servus -i *m.* slave
sestertius -i *m.* sesterce (a small silver coin)
setius *compar. adv.* less, worse; **nihilo setius** nevertheless
seu *conj.* either, whether
severus -a -um harsh, critical, severe
sextus -a -um sixth
si *conj.* if
sic *adv.* so, thus
sicut *conj.* just as
significo 1 show, indicate
signo 1 mark, seal
signum -i *n.* mark, signal, standard, statue, picture
silentium -i *n.* silence
sileo -ere -ui 2 be silent
silva -ae *f.* wood
silvester -ris -re wooded
silvosus -a -um wooded
similis -is -e like, same
simul *adv.* at the same time

simulac, simulatque *conj.* at the same time as
simulacrum -i *n.* image
simulo 1 pretend
sincerus -a -um pure, uncorrupted, sound
sine *prep.* + *abl.* without
singuli -ae -a one each, one at a time
sinister -ra -rum left, on the left, malicious
sino -ere, sivi, situm 3 allow
sinus -us *m.* fold, bay, lap
sisto -ere -stiti 3 place, stop
societas -tatis *f.* alliance
socius -i *m.* ally
sol, solis *m.* sun
solanum -i *n.* nightshade (a poison)
solemnitas *see* **sollemnitas**
soleo -ere, solitus sum 2 *semi-dep.* be accustomed
solitudo -dinis *f.* uninhabited place, emptiness, solitude
solitus -a -um usual, accustomed
sollemnitas -tatis *f.* solemnity
sollicito 1 worry, harass
sollicitudo -dinis *f.* anxiety, worry
sollicitus -a -um anxious, worried
solor -ari -atus sum 1 *dep.* comfort, console, soothe
solum *adv.* only
solus -a -um alone, only
solvo -ere, solvi, solutum 3 loosen, set sail
somnifer -era -erum sleep-inducing
somnium -i *n.* dream
somnus -i *m.* sleep
sordes -ium *f. pl.* filth, uncleanness, mourning
sordidus -a -um unkempt, unclean, mean
soror -oris *f.* sister
sors, sortis *f.* lot, fate, chance
sortior -iri -itus sum 4 *dep.* draw lots, choose by lot, allot, obtain
spatium -i *n.* space, distance
species -ei *f.* appearance
spectaculum -i *n.* show, performance, spectacle
spectator -oris *m.* spectator
specto 1 look at, face
speculor -ari -atus sum 1 *dep.* look for, look at, observe
speculum -i *n.* mirror
sperno -ere, sprevi, spretum 3 scorn, despise
spero 1 hope, expect
spes -ei *f.* hope, expectation
spina -ae *f.* thorn
spiritus -us *m.* breath, spirit
spolio 1 rob, despoil
spondeo -ere, spopondi, sponsum 2 pledge, promise
sponsalia -ium *n. pl.* betrothal
sponte *adv.* voluntarily; **tua sponte** of your own free will
statim *adv.* at once, immediately
statio -onis *f.* post, station, anchorage
statuo -ere -ui -utum 3 set up, determine, fix
status -us *m.* standing, position, state, condition
sterno -ere, stravi, stratum 3 spread, extend, throw to the ground
stilus -i *m.* pen, writing-instrument
stirps, stirpis *f.* stem, stock, race, origin
sto, stare, steti, statum 1 stand, be at anchor
strages -is *f.* heap, defeat, slaughter
strangulo 1 strangle, choke
strenuus -a -um vigorous, energetic
stringo -ere, strinxi, strictum 3 bind, squeeze, draw
studeo -ere -ui 2 + *dat.* pay attention to, devote oneself to
studiosus -a -um given to study, careful, zealous
studium -i *n.* attention, enthusiasm, study
stultus -a -um foolish
stupeo -ere -ui 2 be amazed
suadeo -ere, suasi, suasum 2 + *dat.* advise
suavitas -tatis *f.* pleasantness, agreeableness
sub *prep.* + *acc.* under, about; + *abl.* under
subduco -ere -duxi -ductum 3 remove, withdraw, beach (a ship)
subeo -ire -ii -itum go under, suffer, occur to
subicio -ere -ieci -iectum 3 throw or put under, suggest
subigo -ere -egi -actum 3 bring under, overcome, subdue
subinde *adv.* just after
subitus -a -um sudden; *adv.* **subito**
sublatus -a -um removed (from **tollere**)
submitto (summitto) -ere -misi -missum 3 send up to help

subsellium -i *n.* bench, seat
subsequor -i -secutus sum 3 *dep.* follow closely, succeed
subsidium -i *n.* reserve, aid, relief; *pl.* **subsidia** reserves
subsisto -ere -stiti 3 stand, halt, stay
subsum -esse, subfui be under
succedo -ere -cessi -cessum 3 succeed
succingo -ere -cinxi -cinctum 3 surround, gird
sucus -i *m.* juice
sudes -is *f.* stake, pile
suffectus -a -um appointed in place of
summissus -a -um let down, hanging down
summoveo -ere -movi -motum 2 drive off, clear away
summus -a -um top, topmost, greatest, last
sumo -ere, sumpsi, sumptum 3 take, take up, exact
sumptuosus -a -um expensive, extravagant
supellex -ectilis *f.* furniture, household goods
super *prep.* + *abl. and adv.* above, over, concerning
superbus -a -um proud, arrogant
superior -ior -ius higher, previous, preceding
supero 1 conquer, defeat
superscriptio -onis *f.* inscription
superstes -stitis surviving
supersum -esse -fui + *dat.* be over, survive
supplicium -i *n.* punishment
supra *adv.* above
supremus -a -um last
suscipio -ere -cepi -ceptum 3 undertake
suspendo -ere -pendi -pensum 3 hang
suspicio -onis *f.* suspicion
suspirium -i *n.* sigh
sustineo -ere -tinui -tentum 2 withstand, hold, sustain
suus -a -um his own, her own, their own

T

tabellarius -i *m.* courier
tabula -ae *f.* board, panel, painting; *pl.* **XII Tabulae** The Twelve Tables
taceo -ere -ui 2 be quiet, be silent
tacitus -a -um quiet, silent
taedium -i *n.* weariness, tiredness
talea -ae *f.* rod, bar
talis -is -e of such a kind
tam *adv.* so
tamdiu *adv.* so long a time
tamen *adv.* however
tametsi *conj.* although
tamquam *adv.* just as, as if
tandem *adv.* at length, at last
tango -ere, tetigi, tactum 3 touch, affect
tantopere *adv.* so greatly
tantum *adv.* to such an extent, only
tantus -a -um so great; **tantum** + *gen.* so much of
tardus -a -um slow
tectum -i *n.* roof, covering, ceiling, house
tego -ere, texi, tectum 3 cover, protect, conceal
telum -i *n.* weapon
temerarius -a -um rash, heedless, random
temere *adv.* at random, rashly, without good reason
temeritas -tatis *f.* rashness
tempestas -tatis *f.* storm, time, weather
templum -i *n.* temple
tempto 1 try, attempt, test, probe
tempus -oris *n.* time; *pl.* **tempora** temples (of a person), times of crisis
temulentia -ae *f.* drunkenness
tenax -acis holding fast
tendo -ere, tetendi, tentum 3 stretch, extend, tend
tenebrae -arum *f.* darkness
teneo -ere -ui 2 hold, keep, hem in
ter *adv.* thrice
tergum -i *n.* back, rear; **a tergo** on the rear
terminus -i *n.* end, boundary-line
tero -ere, trivi, tritum 3 rub, rub away; **tempus terere** to waste time
terra -ae *f.* land, earth
terreo -ere -ui -itum 2 frighten, terrify
terror -oris *m.* fear, terror
tertius -a -um third
testamentum -i *n.* will
testis -is *c.* witness
testor -ari -atus sum 1 *dep.* call to witness
testudo -inis *f.* tortoise, shed, shelter
theatrum -i *n.* theatre
timeo -ere -ui 2 fear, be afraid
timidus -a -um fearful, afraid

timor -oris *m.* fear
tintinno I ring, clink, jingle
titulus -i *m.* inscription, title, notice
toga -ae *f.* toga
tollo -ere, sustuli, sublatum lift, raise, weigh, remove
tormentum -i *n.* siege-engine
torreo -ere, torrui, tostum 2 toast, parch, burn
tot *adv.* so many
toties *adv.* so often
totus -a -um whole, all
tracto I handle, treat, deal with
trado -ere -didi -ditum 3 hand over, hand down
traduco -ere -duxi -ductum 3 lead across
traho -ere, traxi, tractum 3 draw, drag, attract
traicio -ere -ieci -iectum 3 throw across, put across
trans *prep.* + *acc.* across, over
transeo -ire -ii -itum cross, pass over
transigo -ere -egi -actum 3 carry through, complete
transilio -ire -silui -sultum 4 leap across
transitus -us *m.* crossing
transmissus -us *m.* passage, crossing
transmitto -ere -misi -missum 3 send across
tremo -ere, tremui, tremitum 3 tremble, shake with fear
trepido I hurry with alarm, be in a state of agitation
trepidus -a -um terrified, alarmed, panic-stricken
tribunal -alis *n.* platform
tribunus -i *m.* tribune (of people, of soldiers)
triennium -i *n.* period of three years
tripertito *adv.* in three divisions or parts
triquetrus -a -um triangular
tristis -is -e sad, gloomy
tristitia -ae *f.* sadness
triumpho I triumph
triumphus -i *m.* triumph
triumviri -orum *m.* the Triumvirs
truncus -a -um mutilated
tueor -eri, tuitus sum 2 *dep.* watch, observe, protect
tum *adv.* then
tumultus -us *m.* uproar, confusion
tunc *adv.* then, at that time
turba -ae *f.* crowd, throng
turbo I disturb, upset, confuse
turpis -is -e shameful, base, vile
turris -is *f.* tower
tussis -is *f.* cough
tutus -a -um safe; **tutum -i** *n.* safe place
tyrannus -i *m.* tyrant

U

uber -eris fertile, fruitful, abundant
ubi *conj., relat. and interrog. pro.* when, where; **ubi terrarum, ubi gentium?** where in the world?
ubicumque *adv.* wherever
ubique *adv.* everywhere
ulciscor -i, ultus sum 3 *dep.* avenge, punish
ullus -a -um any
ulterior -ior -ius further; **ultimus -a -um** last, final
ultor -oris *m.* avenger
ultro *adv.* unasked, voluntarily
umbra -ae *f.* shade
umerus -i *m.* shoulder
umidus -a -um wet
umquam *adv.* ever
unda -ae *f.* wave; *pl.* **undae** the sea
unguentum -i *n.* ointment
unicus -a -um only
universus -a -um whole, entire
unus -a -um one, only
unusquisque, unaquaeque, unumquidque *pro.* each one
urbanus -a -um of the city, refined, polished
urbs -is *f.* city
urgeo -ere, (ursi) 2 press, push, force
uro -ere, ussi, ustum 3 burn, roast
usquam *adv.* anywhere
usque *adv.* all the way, continually; **usque ad** + *acc.* right up to
usura -ae *f.* use, enjoyment
usus -us *m.* use, service, practice, experience; **usui esse** to be of use
ut *conj.* that, so that, as, when, although, how
uter -ra -rum *interrog.* which of two?
utilis -is -e useful, helpful, beneficial
utinam *adv.* would that! would to heaven!
utor -i, usus sum 3 *dep.* + *abl.* use, employ, treat, experience

utrum . . . an whether . . . or
uxor -oris *f.* wife

V

vaco 1 be at leisure, be free from
vacuefacio -ere -feci -factum 3 empty, clear
vacuus -a -um empty, free from
vadosus -a -um shallow
vadum -i *n.* ford, shallow water
vagitus -us *m.* crying, bleating, lowing
vagor -ari -atus sum 1 *dep.* wander, stray, spread
vale! valete! farewell! goodbye!
valens -entis strong, powerful
valeo -ere -ui 2 be strong, be well, have influence
valetudo -inis *f.* health, strength
validus -a -um strong, sturdy
vallum -i *n.* rampart
vanus -a -um false, vain
vario 1 change, vary
varius -a -um different, changing, varied
vastitas -tatis *f.* empty place, waste, desert
vasto 1 lay waste, destroy
vastus -a -um vast, mighty
vates -is *m.* seer, prophet, poet
-ve *enclitic* or
vectigal -alis *n.* tax, tribute
vector -oris *m.* traveller
vehemens -entis strong, violent
vehementer *adv.* strongly, very much, violently
vehiculum -i *n.* carriage
veho -ere, vexi, vectum 3 carry, convey
vel *conj.* and *adv.* either, or; **vel . . . vel** either . . . or
velum -i *n.* sail, curtain; **vela dare** to set sail
velut *conj.* just as, as if
vena -ae *f.* blood-vessel, vein
venabulum -i *n.* hunting-spear
venalis -is -e having a price, for sale
venatio -onis *f.* hunting
vendo -ere -didi -ditum 3 sell
veneficus -a -um poisonous
venenum -i *n.* poison
venia -ae *f.* pardon, permission
venio -ire, veni, ventum 4 come
venor -ari -atus sum 1 *dep.* hunt
ventosus -a -um windy
ventus -i *m.* wind
venustus -a -um charming, elegant, graceful
verbum -i *n.* word
vere *adv.* truly
vereor -eri, veritus sum 2 *dep.* fear, be afraid
vergo -ere 3 face, turn
veritas -tatis *f.* truth
vero *adv.* truly, indeed
versatus -a -um experienced in, versed in
verso 1 turn, keep turning, ply, practise
versor -ari -atus sum 1 *dep.* turn, be associated with, be engaged
verto -ere, verti, versum 3 turn
verum *conj.* but
verus -a -um true, real, genuine
vester -ra -rum your, yours
vestigium -i *n.* footprint, track, sole of the foot
vestimentum -i *n.* clothing
vestio 4 clothe
veto -are -ui -itum 1 order not, forbid
vetus -eris old
vetustas -tatis *f.* old age, antiquity
vexo 1 harass, annoy
via -ae *f.* road, way
viator -oris *m.* traveller
vicesimus -a -um twentieth
vicinus -i *m.* neighbour
vicinus -a -um neighbouring
vicissim *adv.* on the other hand, in turn
victor -oris *m.* victor
victoria -ae *f.* victory
victus -us *m.* food, sustenance, living, way of life
vicus -i *m.* street, village, country-house
video -ere, vidi, visum 2 see; **videor** I seem
vigeo -ere -ui 2 be strong
vigilia -ae *f.* watch
vigilo 1 be awake, be on watch
viginti *numeral* twenty
vilis -is -e cheap, vile, lowly
vincio -ire, vinxi, vinctum 4 bind, tie
vinco -ere, vici, victum 3 conquer, defeat
vinculum -i *n.* chain, bond, tie
vindico 1 lay legal claim to, liberate, defend
vinolentus -a -um intoxicated, drunk
vinum -i *n.* wine
violentus -a -um forceful, violent

violo 1 violate, ravage
vir, viri *m.* man, husband
vireo -ere -ui 2 be green, be strong
virga -ae *f.* rod, wand
virgo -inis *f.* unmarried girl, virgin
virilis -is -e manly, like a man
virtus -tutis *f.* courage, virtue, excellence
vis, *acc.* **vim,** *abl.* **vi** *f.* force, violence; *pl.* **vires -ium** strength
viscera -erum *n. pl.* entrails, vital parts of the body
visito 1 visit
viso -ere, visi, visum 3 go to see
vita -ae *f.* life
vitis -is *f.* vine
vitium -i *n.* fault, failing, vice
vito 1 avoid
vitrum -i *n.* woad
vivax -acis long-lived, enduring, lively
vivo -ere, vixi, victum 3 live
vivus -a -um alive
vix *adv.* scarcely, hardly
vixdum *adv.* scarcely yet
vocifero 1 call out, shout
voco 1 call, summon
volo, velle, volui wish, want
volumen -inis *n.* book, volume
voluntarius -a -um voluntary
voluntas -tatis *f.* goodwill
voluptas -tatis *f.* pleasure, desire
volvo -ere, volvi, volutum 3 roll, turn over, reflect on
votum -i *n.* prayer, vow, votive-offering
vox, vocis *f.* voice, utterance, word
vulgatus -a -um spread among the people, common
vulgo *adv.* commonly, generally
vulgus -i *n.* common people
vulnero 1 wound
vulnus -eris *n.* wound
vultur -uris *m.* vulture
vultus -us *m.* expression, countenance, visage

Z

zona -ae *f.* girdle, sash